供应链企业社会责任投资策略与运营决策研究

石绣天 著

·北京·

图书在版编目（CIP）数据

供应链企业社会责任投资策略与运营决策研究 / 石绣天著. —北京：科学技术文献出版社，2024.9
ISBN 978-7-5235-1061-2

Ⅰ.①供… Ⅱ.①石… Ⅲ.①企业管理—供应链管理—社会责任—研究 Ⅳ.① F274

中国国家版本馆 CIP 数据核字（2023）第 233314 号

供应链企业社会责任投资策略与运营决策研究

策划编辑：张　丹　责任编辑：张　丹　邱晓春　责任校对：王瑞瑞　责任出版：张志平

出　版　者	科学技术文献出版社
地　　　址	北京市复兴路15号　邮编　100038
出　版　部	（010）58882952，58882087（传真）
发　行　部	（010）58882868，58882870（传真）
官方网址	www.stdp.com.cn
发　行　者	科学技术文献出版社发行　全国各地新华书店经销
印　刷　者	北京厚诚则铭印刷科技有限公司
版　　　次	2024年9月第1版　2024年9月第1次印刷
开　　　本	710×1000　1/16
字　　　数	175千
印　　　张	11
书　　　号	ISBN 978-7-5235-1061-2
定　　　价	46.00元

版权所有　违法必究

购买本社图书，凡字迹不清、缺页、倒页、脱页者，本社发行部负责调换

前　言

经济的快速发展导致环境问题和社会问题日益严重，可持续发展战略应运而生，企业履行社会责任亦获得了社会各界的广泛关注。尤其在"双碳"背景下，企业社会责任违规惩罚的加重和消费者社会责任意识的增强，供应链上下游企业对社会责任相关投入愈加重视。同时，新兴技术诸如绿色生产、清洁能源及排污治理技术，基于区块链的追溯技术等为企业可持续运营发展带来了新的机遇和挑战。然而在实践中面对复杂的供应链权力结构与投资主体、不确定性的市场环境、竞争环境等影响因素，供应链企业的社会责任投资影响因素和影响机制复杂，决策机制尚待剖析，同时也使得运营管理相应的决策变得更加复杂。基于此，本书从不同投资主体、不同供应链结构角度切入，研究企业在复杂环境下的社会责任投资与运营决策问题。

本书的核心内容包括以下5个部分：

第一篇为导言。提出了本书的主要研究背景，凝练了本书的主要研究内容和框架安排，并根据研究内容对于相关研究文献进行了全面综合的述评。

第二篇为多类供应链权力结构下的企业社会责任投资研究。基于制造商和零售商作为社会责任投资主体的视角，分别研究制造商斯坦伯格、垂直纳什、零售商斯坦伯格结构下的最优投资与运营联合决策，剖析投资主体与供应链权力结构对于企业社会责任投资的交互影响机制。

第三篇为供应链竞争环境下的企业社会责任投资研究。主要内容分为两章，分别从制造商竞争环境和零售商竞争环境入手，分析各类竞争环境下企业社会责任投资与运营联合决策,并分析竞争对于社会责任投资的影响机制,并比较对称与不对称供应链结构对于上述结论的影响。

第四篇为供应链企业社会责任投资激励与协调机制研究,主要讨论了契约设计在供应链企业社会责任投资中的作用。通过对于批发价格契约等常用契约的分析与讨论,厘清了考虑企业社会责任投资的供应链协调的关键要素,基于议价契约设计了聚焦企业社会责任投资的供应链协调契约,并基于此剖析了直接和间接补贴对于环境绩效的影响。

第五篇为结论与展望,总结了本书的研究结论,并对于相关领域的未来研究和可行方向进行了展望和论述。

本书的创新之处主要体现在以下几个方面:

(1) 在基于消费者企业社会责任意识的基础上,基于制造商和零售商不同的社会责任投资主体视角进行了研究,同时分析了不同投资主体的最优决策及其对于环境绩效的比较,丰富了已有研究的角度。

(2) 聚焦于供应链结构,分别从权力结构和竞争环境出发,比较系统地研究并完善了供应链企业社会责任投资策略的相关问题,研究更具深度地刻画了实际供应链的复杂结构及其影响,使得研究成果更具普适性。

(3) 针对供应链企业社会责任投资探讨了激励与协调机制,剖析了直接和间接补贴对于环境绩效的影响,为政府制定相关政策提供了理论依据。

本书是笔者在论文 *Economic and Environmental Performance of Fashion Supply Chain*: *The Joint Effect of Power Structure and Sustainable Investment*、*Economic Performance and Emission Reduction of Supply Chains in Different Power Structures*: *Perspective of Sustainable Investment*、*Competing Retailers'*

Environmental Investment: An Analysis under Different Power Structures、*Who Should Invest in Clean Technologies in a Supply Chain with Competition?* 和 *Value of Bargaining Contract in a Supply Chain System With Sustainability Investment: An Incentive Analysis* 的基础上完善凝练而成的。在此，对本书研究过程中给予帮助与指导的合作者董慈蔚教授、Hau-Ling Chan 博士、李栩橪博士、钱源、张晓丽和张弛表示由衷的感谢。此外，在本书的撰写过程中，得到了团队成员杨露、唐简茜、陈思汝、姚舒宁、刘源一和唐娟杰等同学的帮助。

本书的研究和出版得到了国家自然科学基金（72071113）和江苏省自然科学基金（BK20231453）的资助，在此表示感谢。

由于笔者水平有限，书中难免存在不足之处，恳请读者给予批评指正。

石绣天
南京理工大学经济管理学院
2023 年 10 月

目 录

第一篇 导 言

第一章 绪 论 ··· 3
第二章 研究综述 ··· 6
  第一节 可持续供应链运营管理相关研究 ························ 6
  第二节 多类供应链权力结构下的企业社会责任投资相关研究 ···· 8
    一、供应链权力结构 ··· 8
    二、企业社会责任投资主体研究 ····························· 9
  第三节 供应链竞争环境下的企业社会责任投资相关研究 ········ 10
    一、制造商竞争对企业社会责任投资的影响 ················ 10
    二、零售商竞争对企业社会责任投资的影响 ················ 11
  第四节 供应链企业社会责任投资激励与协调机制相关研究 ····· 13
    一、供应链协调 ·· 13
    二、议价契约框架 ··· 13

第二篇 多类供应链权力结构下的企业社会责任投资研究

第三章 制造商企业社会责任投资策略与运营决策研究 ············ 17
  第一节 引言 ··· 17
  第二节 模型框架 ··· 18
  第三节 不同权力结构下的最优企业社会责任投资与运营联合决策分析 ··· 20

　　　　一、制造商斯坦伯格结构下的最优决策 …………… 20

　　　　二、垂直纳什结构下的最优决策 ………………… 21

　　　　三、零售商斯坦伯格结构下的最优决策 …………… 21

　　第四节　权力结构对于企业社会责任投资策略的影响分析 …… 22

　　　　一、制造商最优企业社会责任投资决策比较与策略选择 … 22

　　　　二、供应链企业最优运营决策的比较分析 ………… 23

　　　　三、环境绩效的比较分析 ………………………… 23

　　　　四、经济绩效的比较分析 ………………………… 24

　　　　五、数值分析 …………………………………… 26

　　第五节　本章小结 ……………………………………… 30

第四章　零售商企业社会责任投资策略与运营决策研究 ……… 32

　　第一节　引言 ………………………………………… 32

　　第二节　模型框架 ……………………………………… 33

　　第三节　不同权力结构下的最优决策分析 ………………… 35

　　第四节　权力结构对于企业社会责任投资与运营决策的影响分析 … 37

　　　　一、不同权力结构下零售商企业社会责任投资的激励
　　　　　　机制 ……………………………………… 37

　　　　二、零售商权力对决策和绩效的影响 ……………… 39

　　　　三、单一零售商企业社会责任投资的拓展分析 ……… 44

　　第五节　本章小结 ……………………………………… 47

第三篇　供应链竞争环境下的企业社会责任投资研究

第五章　制造商竞争环境下供应链企业社会责任投资策略与运营决策
　　　　研究 ………………………………………………… 51

　　第一节　引言 ………………………………………… 51

　　第二节　模型框架 ……………………………………… 54

　　第三节　供应链企业社会责任投资与运营联合决策分析 …… 58

　　　　一、垄断情形分析 ………………………………… 58

目 录

　　　　二、双头垄断情形分析 ·· 59
　　第四节　制造商企业社会责任投资策略选择 ··························· 63
　　第五节　竞争对供应链企业社会责任投资的影响分析 ················ 65
　　第六节　本章小结 ·· 68
　　　　一、企业社会责任投资决策 ·· 68
　　　　二、制造商2的市场进入策略 ····································· 69
　　　　三、制造商1的防御策略 ··· 69
　　　　四、竞争的影响 ·· 69
　　　　五、检测效率的影响 ·· 70
　　　　六、对新兴市场的影响 ··· 70

第六章　零售商竞争环境下供应链企业社会责任投资策略与运营决策
　　　　研究 ·· 71
　　第一节　引言 ·· 71
　　第二节　模型框架 ·· 73
　　第三节　对称供应链结构下的企业社会责任投资决策分析 ········· 76
　　　　一、制造商企业社会责任投资 ···································· 76
　　　　二、零售商企业社会责任投资 ···································· 78
　　　　三、制造商投资与零售商投资情景的比较分析 ··············· 80
　　第四节　不对称供应链结构下的企业社会责任投资决策分析 ······ 82
　　　　一、分析结果 ··· 82
　　　　二、数值分析 ··· 84
　　第五节　本章小结 ·· 88
　　　　一、对制造商绩效的影响 ·· 89
　　　　二、对零售商绩效的影响 ·· 89
　　　　三、对环境绩效的影响 ··· 89
　　　　四、对消费者的影响 ·· 90

第四篇 供应链企业社会责任投资激励与协调机制研究

第七章 契约设计在供应链企业社会责任投资中的作用研究 …… 93
第一节 引言 …… 93
第二节 模型框架 …… 95
第三节 批发价格契约下的最优决策分析 …… 97
第四节 企业社会责任投资与供应链协调契约设计 …… 99
第五节 议价契约的影响机制 …… 102
第六节 直接和间接补贴对环境绩效的影响 …… 104
第七节 本章小结 …… 106
一、社会责任投资与供应链协调 …… 106
二、议价契约下的帕累托改进 …… 106
三、政府补贴对社会责任投资的影响 …… 107
四、政府补贴对碳排放的影响 …… 107

第五篇 结论与展望

第八章 本书总结 …… 111
附 录 …… 113
附录A 第三章证明 …… 113
附录B 第四章证明 …… 117
附录C 第五章证明 …… 123
附录D 第六章证明 …… 129
附录E 第七章证明 …… 142

参考文献 …… 151

第一篇 导　言

本篇旨在通过对现实背景问题的剖析和相关研究的全面述评，提出本书的主要研究问题，归纳研究内容和梳理国内外研究现状。本篇共分为两章：第一章为绪论，提出研究背景和研究意义，并归纳主要研究内容；第二章为研究综述，对可持续供应链运营管理、供应链权力结构与竞争环境下的供应链企业社会责任投资及供应链企业投资激励与协调机制的相关研究进行述评。

第一章 绪 论

　　经济的快速发展导致环境问题和社会问题日益严重，可持续发展战略应运而生，企业履行社会责任亦获得了社会各界的广泛关注。随着企业社会责任违规惩罚的加重和消费者社会责任意识的增强，供应链上下游企业对社会责任相关投入愈加重视。同时，新兴技术如绿色生产、清洁能源及排污治理技术，基于区块链的追溯技术等为企业可持续运营发展带来了新的机遇和挑战。然而在实践中，面对复杂的供应链权力结构、不确定性的市场环境、竞争环境等影响因素，供应链企业的社会责任投资影响因素和影响机制复杂，决策机理尚待剖析，同时也使得运营管理相应的决策变得更加复杂。所以，研究供应链企业在复杂环境下的社会责任投资与运营决策问题具有重要的理论和现实意义。

　　在本书中，笔者着力对供应链企业上下游的企业社会责任投资决策进行研究。具体而言，本书的主要内容由 5 个主题组成，其中：第一个和第二个主题研究多类供应链权力结构下的企业社会责任投资策略；第三个和第四个主题研究供应链竞争环境下的企业社会责任投资策略；第五个主题研究供应链企业社会责任投资激励与协调机制。

　　在第三章中，研究了不同供应链权力结构对制造商的社会责任投资策略及其运营决策的影响。企业采用多种方式进行社会责任投资，如投资减排技术以减少碳排放。为了研究企业社会责任投资对企业利润和减排的影响，我们考虑了不同权力结构下具有不确定需求的供应链。我们研究了制造商斯坦伯格（MS）、垂直纳什（VN）和零售商斯坦伯格（RS）3 种供应链权力结构下的社会责任投资问题，推导每种权力结构下零售商和制造商的最优决策并比较 3 种权力结构下的结果。研究发现，制造商能通过社会责任投资获得收益，尤其是在不平等的权力结构下。当平均市场规模足够大（小）时，供应链成员均可在 MS（RS）权力结构下获得更多利润。从环境角度来看，序贯博弈（即 MS 和 RS 权力结构）的减排效果比同时博弈（即 VN 权力结构）的减排效果更显著。此外，我们进行了数值分析，并讨论了更多的管理启示。

在第四章中，研究了零售商的社会责任投资策略及对供应链可持续发展做出的贡献。与第三章类似，本章我们重点分析了不同供应链权力结构对社会责任投资的影响。我们考虑了由一个制造商和两个竞争零售商构成的二级供应链，零售商可以选择直接在绿色技术或清洁生产方面对上游制造商进行社会责任投资，考察制造商斯坦伯格（MS）、垂直纳什（VN）和零售商斯坦伯格（RS）3种供应链权力结构下零售商的企业社会责任投资决策。研究结果发现，在不同的供应链权力结构下，零售商总是有动力对上游制造商进行社会责任投资。然而，零售商的权力会影响最优决策、经济和环境绩效。当投资成本较低、零售商权力较弱时，社会责任投资的效果最显著。当投资成本相对较高时，供应链权力更高的零售商的投资决策取决于单位节税效应和减排的需求增长效应。从环境角度来看，纳什博弈下两个零售商同时进行社会责任投资时的减排总量更多，对环境更有利。此外，我们还考虑了非对称结构下单一零售商进行社会责任投资的结果，并与对称结构进行比较。

在第五章中，探讨了制造商竞争对供应链企业社会责任的影响。竞争制造商与共有供应商进行战略性社会责任投资，吸引具有社会责任意识的消费者。通过推导垄断和双头垄断情形下每个企业最优社会责任投资、策略选择和企业社会责任投资影响条件，得到以下结论：与垄断情境相比，双头垄断情境下，供应链整体的社会责任投资水平更少。然而，随着制造商竞争强度增加，竞争的负面影响会减弱。

在第六章中，研究了不同投资情景下供应链企业社会责任投资策略与运营决策。与第五章的设定类似，本章模型考虑了供应链竞争环境。采用清洁技术实现碳减排对可持续发展至关重要。投资清洁技术项目可以带来税收减免和额外的市场需求。相关研究表明，制造商和零售商在生产过程中均受到了税收减免和市场需求的投资激励。因此，本章设定由一个制造商和两个零售商组成的供应链，考虑了3种投资情景，即投资分别由制造商、零售商双方或仅由一个零售商进行。研究发现，制造商更偏向于两个零售商同时进行投资的情景。然而，零售商可能并不愿意让他们的供应链合作伙伴，即制造商进行投资。由于竞争者投资存在溢出效应，搭便车者的利润可以得到不显著的提高。此外，笔者发现，两个零售商均进行投资的情景下，所有供应链成员的利润和减排量都高于其他情景，可以同时实现经济和环境最优。最后，在对消费者的影响方面，我们发现，在大多数情况下，产品越环保，消费者必须支付的零售价格就越高。

在第七章中，研究了企业社会责任投资激励与协调机制设计在供应链企业社会责任投资中的作用。在绿色发展背景下，供应链企业开始进行社会责任投资，努力降低经营活动中的碳排放量。为了减少碳排放，各国政府实施了不同形式的政策以激励制造型企业进行社会责任投资。同时，随着消费者对环境污染问题的持续关注，具有环保意识的消费者进一步激励了供应链下游企业投资环保减排项目。因此，在本章中，研究了供应链成员投资环保减排项目时议价契约对于实现供应链协调的影响机制，并探讨了政府直接补贴（如现金拨款）和间接补贴（如提高环境税率）对于减少碳排放总量的有效性。首先，以供应链上下游不同投资主体为基础模型，研究了传统批发价格契约下的最优定价与社会责任投资水平；同时，构建并研究了两部制收费契约、收益共享契约与议价契约中的社会责任投资模型和供应链协调问题。结论表明，只有议价契约才能实现供应链协调，且当制造商的议价能力在特定范围内时，才可以实现帕累托改进。最后，本章发现，直接和间接补贴都能促进社会责任投资水平的提高，但二者并不一定总能减少碳排放总量。

第二章 研究综述

本书主要研究了多类供应链权力结构下和供应链竞争环境下的企业社会责任投资问题。我们分别从可持续供应链运营管理相关研究、多类供应链权力结构下的企业社会责任投资、供应链竞争环境下的企业社会责任投资及供应链企业社会责任投资激励与协调机制4个研究领域梳理相关研究。其中，与多类供应链权力结构下的企业社会责任投资相关的研究包括供应链权力结构和企业社会责任投资主体研究等研究方向；与供应链竞争环境下的企业社会责任投资相关的研究包括制造商竞争对企业社会责任投资的影响和零售商竞争对企业社会责任投资的影响等研究方向；供应链企业社会责任投资激励与协调机制相关的研究主要包括供应链协调及议价契约框架等研究方向。

第一节 可持续供应链运营管理相关研究

在运营管理的文献中，大量研究在运营决策中考虑了可持续性问题（Benjaafar et al., 2013；Chan et al., 2018a, 2018b；Chen et al., 2009；Choi, 2013a；Choi et al., 2014, 2019；Guo et al., 2019；Lai et al., 2019；Li et al., 2020；Niu et al., 2019b；Tong et al., 2018；Li et al., 2019）。Letmathe 等（2005）是在生产策略中考虑投资清洁技术的早期研究。近年来，Chen 等（2017b）、Van Wassenhove（2019）、Agrawal 等（2019）、Atasu 等（2020）及 Zhou 等（2020）等学者对可持续问题进行了综述型研究，讨论了可持续发展的研究方向。Atasu 等（2020）指出，在运营管理文献中，可持续性研究可以分为闭环供应链（Zhang et al., 2018）、低碳经济（Dong et al., 2016；Chen et al., 2017a）、环境管理及绩效（Galbreth et al., 2013；Karaer et al., 2017；Zhu et al., 2017；Biswas et al., 2018；Shi et al., 2020；Sim et al., 2019；Du et al., 2019；Dong et al., 2019）、创新（Qi et al., 2018）和社会责任（Plambeck et al., 2018；Fang et al., 2020）。Lee 等

(2018) 对文献和出现的关键问题进行了回顾,并强调采购和供应商管理策略,如审计和直接投资/参与供应商的社会责任问题是提高社会责任的有效途径。

绿色生产技术投资作为企业进行社会责任投资的重要方面受到越来越多的关注。一些文献研究了供应链生产/库存决策、采购问题、退货政策和供应商评价等方面中的碳排放问题（Cheng et al.，2018）。Choi（2013b）通过讨论订购和库存决策,研究了如何将碳足迹税方案应用在时尚行业快速反应系统中。Rosič 等（2013）分析了环境法规对双重采购问题的影响。Niu 等（2017）研究了直接采购和分包采购情境中供应链中的经济和环境可持续性的冲突。结果表明,补贴可以实现经济和环境双重目标,而惩罚不能。Shen and Li（2015）分析了退货政策对时尚供应链可持续发展的影响。Guo 等（2017）采用模糊多准则决策方法对绿色供应商进行了评价。He 等（2017）以中国为例,探讨了低碳物流的发展。Cheng 等（2018）指出,将碳减排和节能纳入供应链管理的关键因素之一是绿色生产技术投资,这对可持续采用污染减排技术和新能源的部署具有关键意义。然而,上述大多数文献并没有考虑绿色生产技术投资。

考虑绿色生产技术投资,Benjaafar 等（2013）研究了碳任务关注和生产/库存决策的问题。Drake 等（2015）通过比较排放税和限额交易等不同的排放法规,研究了绿色生产技术投资问题。Toptal 等（2014）通过分析限额交易和排放税政策下的补货和可持续投资共同影响,发现绿色生产技术投资可以同时降低碳排放和成本。消费者环保意识和税收抵免作为有效促进绿色生产技术投资的手段,最近得到了广泛的研究。两篇早期的文献（Yalabik et al.，2011；Liu et al.，2012）强调了消费者环保意识是企业绿色生产技术投资的激励因素。一些研究（Jaber et al.，2013；Zhang et al.，2015；Du et al.，1999；Li et al.，2016；Dong et al.，2016）讨论了考虑消费者的环保意识和/或减排等激励因素的供应链协调情况。Drake 等（2015）分析了排放交易和税收管制对于绿色生产技术选择和产量决策的影响。我们沿着这一研究方向,重点关注供应链背景下的社会和环境责任。

第二节　多类供应链权力结构下的企业社会责任投资相关研究

一、供应链权力结构

不同的供应链权力结构通常根据制造商和零售商的决策顺序行为进行建模。Anupindi 等（1999）将制造商和两个零售商之间的互动设定为制造商制定渠道策略的斯坦伯格博弈模型。这种相互作用也可以被建模为垂直纳什博弈模型，在此博弈中，企业同时做出决策（Iyer et al.，2003）。为了建立一个有强势零售商的模型，Dukes 等（2009）考虑零售商斯坦伯格博弈。

与上述文献专注于某一特定博弈不同，现有文献也研究和比较了不同权力结构对供应链成员运营决策和绩效的影响。Choi（1991）研究由两个竞争制造商和一个共同零售商组成的供应链的定价决策，并分析了3种不同权力结构下的非合作博弈：制造商斯坦伯格、垂直纳什和零售商斯坦伯格博弈。Ertek 等（2002）在由单一供应商和单一制造商构成的供应链中探讨了权力结构对价格决策、市场平均价格敏感性和相关利润的影响。同样基于二级供应链，Majumder 等（2006）探讨了领导力对供应链绩效的影响。Chen 等（2015）研究了权力结构对免费渠道和捆绑渠道选择的影响。Luo 等（2017）研究了不同的权力结构对制造商和零售商双方的价格和利润的影响。Chen 等（2017a）比较了3种供应链权力结构下的均衡策略，分析了权力结构对唯一的创造绿色生产技术投资的制造商绿色生产技术绩效的影响。Shi 等（2017）进一步研究了供应链中不同权力结构和社会责任投资对经济和环境绩效的共同影响，并将投资作为制造商和零售商两者的选择。

除不同权力结构对供应链绩效的影响外，Xue 等（2014）还研究了供应链权力结构对消费者剩余的影响。Shi 等（2013）将以上结果扩展到不确定需求模型。此外，一些研究考虑了竞争环境中权力结构的影响。例如，Choi（1991）分析了价格竞争环境下权力结构的影响；在双渠道供应链结构下，Chen 等（2016）研究了权力结构对零售服务的影响；Zheng 等（2017）探讨了双渠道闭环供应链中权力结构的影响。

然而，上述大部分文献没有考虑可持续问题，只有少数研究讨论了不同权力结构和社会责任投资对供应链绩效的联合效应。在早期文献中，Chen 等（2017a）研究了权力结构和制造商社会责任投资对供应链协调的联合效应；在类似的权力结构设置下，Shi 等（2018）讨论了具有随机需求的社会责任投资问题。上述两篇文献只考虑了制造商的社会责任投资，而 Shi 等（2017）研究了确定性需求下，不同权力结构中零售商的社会责任投资决策。在上述研究的基础上，本书首次探讨了考虑随机需求的社会责任投资与供应链权力结构的共同影响。

二、企业社会责任投资主体研究

该领域的文献主要研究企业通过投资环境项目来进行社会责任投资时的运营决策。例如，Letmathe 等（2005）研究了与不同资源和碳排放相关约束下的最优产品组合和生产水平；Drake 等（2015）研究了环境税、排放限额与交易条例对制造商社会责任投资决策的影响；Zhang 等（2013）探讨了限额交易规则下多产品最优生产决策问题；Chen 等（2016）专门关注了仓库碳排放问题，分析评估了零售商在限额交易政策下且受到碳排放约束时的库存决策和最优社会责任投资；Toptal 等（2014）研究了 3 种不同规则下库存补充和社会责任投资的联合决策。在涉及这些问题的文献中，环境税通常被视为企业社会责任投资的一个重要激励因素（Krass et al., 2013）。然而，这些文献认为产品需求独立于社会责任投资。现有文献考虑消费者的环保意识，认为产品需求受到社会责任投资的影响。Yalabik 等（2011）探讨了消费者的环保意识和政府监管如何影响企业的社会责任投资。Du 等（2015）认为消费者环保意识是制造商进行社会责任投资的另一个激励因素。在排放限额与交易条例下，Dong 等（2016）研究了考虑消费者环保意识的零售商采购策略对制造商社会责任投资的影响。Chen 等（2017a）考察了供应链中两个生产可替代产品的相互竞争的制造商的定价、产量、社会责任投资水平和减排的有效性。Nouira 等（2014）在他们的模型中加入了 3 个环境约束，并重点关注生产过程的选择与投入产品的选择。Li 等（2016）比较了当制造商分别为追求利润最大化的逐利型企业与追求消费者需求得到最大化满足的非营利性企业时二者的最优定价与社会责任投资水平。Yang 等（2018）揭示了存在碳排放税的情况下，收益共享和成本分担契约对于制造商减少碳排放的激励作用。除了 Toptal 等（2014）研究了零售商进行社会责任投资的情况外，上述文献大多仅考虑由制造商进行社会责任投资的情况。与此不同的是，本书考虑了制造商和零售商均可以进行社会责任投资的情况。该设定也类似于 Shi 等（2017）的研究。然而，Shi 等（2017）是在斯坦伯格结构而非议价结构下对该问题进行的研究，且他们没有研究供应链协调问题及政府补贴政策对于减少碳排放有效性的问题。

第三节 供应链竞争环境下的企业社会责任投资相关研究

一、制造商竞争对企业社会责任投资的影响

本书与竞争环境下的企业社会责任投资研究有关。Lee 等（2018）研究了是否应该对通过企业社会责任进行竞争的两家企业进行漂绿行为监管。研究发现，监管漂绿行为可能不会改善环境绩效。Letizia 等（2016）研究了供应链结构对企业社会责任投资的影响，发现供应商之间的联盟可能带来不利影响。Wang 等（2020）在一个制造商和两个零售商的供应链中，研究竞争对企业社会责任投资协同的影响。与以上研究不同，本书考虑了企业社会责任违规概率和审计检测效率。

此外，我们的研究与竞争环境下企业社会责任审计或检查的研究有关。Plambeck 等（2018）研究了企业在什么条件下会通过测试竞争对手产品，揭示其违反企业社会责任标准，阻止竞争对手的产品销售。结果表明，企业倾向于测试竞争对手的产品，并在一定条件下做出高度符合社会责任规范的努力。Fang 等（2020）研究了多家制造商联合审计共同供应商的合作问题。Chen 等（2020）考虑由多个制造商和供应商组成的供应链，研究了联合审计如何降低制造商自私动机导致的效率低下问题。通常，在供应商集中的新兴市场，由于监管薄弱，供应商运营会发生社会责任违规行为（Locke，2013）。Lorentz 等（2013）通过案例研究探索了新兴市场特征，并研究了这些特征对食品供应链国际化中供应网络设计的影响。Huq 等（2016）通过对服装行业的探索性研究，实证研究了新兴市场供应商社会管理能力的发

展。Niu 等（2019a）研究了跨国公司在低税新兴市场向竞争对手销售产品时的订货时机和税收筹划。最近，一些文献研究了新兴市场供应链的可持续性问题。Locke（2013）及 Kalkanci 等（2020）发现，由于新兴市场的监管和执法相对薄弱，企业社会责任问题需要制造商参与来遏制供应商的违规行为。通过环境绩效与投资成本之间的权衡，Esfahbodi 等（2016）实证研究了新兴市场的可持续供应链管理（SSCM），并提出在新兴市场中，可持续供应链管理实践既能改善环境绩效，还可以提高企业绩效。Khuntia 等（2018）实证研究了绿色 IT 投资和相关措施在新兴市场的有效性。Tong 等（2018）通过实证和仿真方法研究了如何将企业社会责任实践扩展到新兴市场的上游供应商。Choi 等（2019）研究了新兴市场中时装供应链可持续管理的数据质量问题。本书研究了新兴市场的企业社会责任问题，然而，与上述论文不同的是，我们从企业社会责任违规概率和审计或检测效率两个方面分析了制造商竞争对企业社会责任投资的影响。本书通过探索竞争对供应链中企业社会责任投资水平的作用，对运营管理的现有文献做出了贡献。首先，我们考虑了两个制造商竞争参与共有供应商的企业社会责任投资问题，并探讨了企业社会责任投资与竞争如何联合影响供应链整体的社会和环境责任水平；其次，参考 Huang 等（2022）关于三层供应链的社会责任管理模型，我们认为，下游制造商的社会责任投资是替代的，而供应商和制造商的社会责任投资是互补的；再次，制造商通过披露和宣传对上游供应商的社会责任投资，吸引具有企业社会责任意识的消费者。我们将消费者分为忠实消费者和转换消费者（Xu et al.，2010；He et al.，2016）。我们发现，尽管随着竞争强度的增加，供应链社会责任投资水平上升，但制造商竞争使供应链整体表现得更不负责任。

二、零售商竞争对企业社会责任投资的影响

最新研究讨论了竞争环境下企业的社会责任投资决策，然而，这些研究更关注制造商竞争，而不是零售商竞争。例如，Yalabik 等（2011）研究了竞争对企业社会责任投资的影响；Liu 等（2018）认为消费者环保意识是企业社会责任投资的一种激励因素，并研究了制造商竞争对二级供应链运营决策的影响；考虑产品竞争，Zhang 等（2015）讨论了消费者环保意识对由单一制造商和单一零售商构成的供应链产品竞争和渠道协调的影响；Chen 等

(2013) 考虑了集中型供应链，其中投资决策仅由制造商进行，制造过程中的碳排放减少的影响没有纳入他们的模型。上述文献聚焦于研究制造商进行社会责任投资视角下的产品/制造商的竞争。Dai 等（2017）考虑了多个零售商在基于斯坦伯格博弈的智能电网中采用实时定价方案的情景，但没有考虑零售商进行社会责任投资的情况。零售商的社会责任投资可以减少环境税并增加市场需求，本书分析了零售商的这一投资决策并讨论单一类型产品的零售商竞争问题，从而对现有文献进行拓展。本书对现有研究的贡献还在于，我们采用了博弈论方法研究竞争问题（如 Cachon et al., 2004；Xiao et al., 2009；Deo et al., 2009；Guiomar et al., 2011；Zhao et al., 2017；Ali et al., 2018）。与考虑制造商价格竞争（Anderson et al., 2010；Wang et al., 2014）、库存竞争（Zhao et al., 2008）、营销竞争（Giri et al., 2014）和关注竞争环境协调（Bernstein et al., 2003；Xiao et al., 2008；Cao et al., 2013）等研究不同，我们认为零售商通过零售价格竞争。通过研究供应链权力结构和竞争对零售商在减排决策的联合效应，解释零售商对可持续问题做出的贡献。

同时，本书探索了同一制造商的竞争和溢出效应对多个零售商社会责任投资策略的影响。因此，我们的研究也与供应链文献中竞争如何调节供应商/制造商之间的投资及溢出效应如何影响供应链的研究保持一致。Feng 等（2012）基于谈判框架研究了制造商参与古诺竞争时的外包决策。Feng 等（2013）的研究表明，当买家相互竞争时，他们在共享供应商情境下的投资策略可能与拥有独家供应商的投资策略不同。考虑溢出效应，研究表明，企业可以从其他企业的成本效率投资（如 Knott et al., 2009）、库存管理（如 Yao et al., 2012）、可靠性改进（如 Wang et al., 2014）、质量提升（如 Agrawal et al., 2014）等方面获益。然而，以上研究均未涉及聚焦社会责任投资和环境绩效的零售商竞争和溢出效应研究。

第四节 供应链企业社会责任投资激励与协调机制相关研究

一、供应链协调

供应链协调是供应链管理中的一个重要问题。在供应链协调的情况下,供应链成员的行为方式将以整个供应链总的利润最大化为目标(Cachon,2003;Choi,2016;Shen et al.,2013)。最近,许多文献研究了存在社会责任投资和消费者具有环保意识的情况下供应链的协调问题。Du 等(2015)的研究表明,当消费者具有低碳排放偏好时,收益共享和数量折扣契约都可以实现供应链协调。Zhang 等(2015)考虑了生产两个可替代产品的供应链,他们发现,即使制造商有产能约束,回购契约也能实现供应链协调。Dong 等(2016)的研究表明,在收益共享、回购和两部制收费契约中,只有收益共享契约才能协调限额交易规制下的供应链。Chen 等(2017a)研究了两部制收费契约如何促进制造商主导的垂直纳什和零售商主导的权力结构下的供应链协调。

二、议价契约框架

本书使用基于议价的框架来研究运营决策,这是一个新兴领域。Gurnani 等(2006)认为,供应链中供应商的交货不可靠,零售商对交货情况有自己的估计。他们研究了在信息对称和信息不对称情况下,零售商如何根据自己的估计影响契约的制定。Nagarajan 等(2008)采用纳什议价方法建立了多个供应商和一个装配商之间的议价过程模型,他们发现,当装配商具有高议价能力时,装配商不喜欢供应商结盟时的决策结果。Lovejoy(2010)提出了处于两个相邻层级之间多个竞争企业进行谈判的议价链的概念。Feng 等(2012)在一个由单一供应商和两个相互竞争的制造商组成的供应链环境下,研究了生产外包决策的议价。Feng 等(2013)比较了具有制造商竞争和零售商竞争的供应链中双边议价和斯坦伯格博弈下的最优契约设置。Baron 等（2016）研究了制造商主导的垂直集成情况下批发价格契约的纳什议价。Hus 等（2016）研究了供应链中两个买家结盟购买组件，主导的买家就批发价格与供应商进行谈判，他们发现，谈判的结果对追随的买家不利，而不利的程度取决于主导买家和追随买家的竞争程度。Qing 等（2017）研究了供应商议价能力在产能分配问题中的作用，他们分析了双渠道和单渠道两种选择，并探讨了产品替代水平、生产成本和议价能力对产能分配决策的影响。关于供应链问题中议价框架应用的文献综述，详见 Nagarajan 等（2008）和 Bernstein 等（2012）。

通过梳理现有文献发现，在社会责任投资和权力结构的相关研究中，尽管现有文献已经探讨了各种环境可持续问题，但大多数研究仅关注由制造商进行社会责任投资，零售商的投资决策如何影响供应链的经济和环境绩效尚未得到充分研究。此外，在供应链竞争的相关研究中，大多数有关零售商竞争的研究没有考虑可持续性问题。因此，综合研究竞争供应链中可持续性问题和权力结构的联合效应具有重要意义。此外，本书还将业界实践中的碳减排、消费者环保意识和税收抵免作为社会责任投资的激励因素，在不同的研究方向中对这些动机中进行了研究。因此，本书的研究为可持续运营和供应链管理的理论发展做出了贡献。

第二篇
多类供应链权力结构下的企业社会责任投资研究

本篇主要研究不同供应链权力结构,即制造商斯坦伯格(MS)、垂直纳什(VN)和零售商斯坦伯格(RS)3种供应链权力结构下,制造商和零售商的企业社会责任投资及运营决策。企业社会责任投资不仅能够增加环境节税效应,还能增加具有环境意识消费者的产品市场需求。本篇前半部分基于论文 *Economic performance and emission reduction of supply chains in different power structures: Perspective of sustainable investment* 的研究成果,讨论了随机需求下制造商的企业社会责任投资对供应链经济和环境绩效的影响;后半部分基于论文 *Competing retailers' environmental investment: An analysis under different power structures* 的研究成果,在确定性需求模型下,探索零售商企业社会责任投资对供应链可持续发展的贡献并考虑零售商竞争的影响。

第三章 制造商企业社会责任投资策略与运营决策研究

第一节 引 言

面对环境问题,许多企业已采取污染治理技术以减少碳排放,从根本上保持生物系统多样性,从而保证可持续生产。这些对企业发展日益重要的行为和相关环境问题被称为企业社会责任投资问题。本章主要关注制造商的绿色生产技术投资。值得注意的是,采用绿色生产技术需要大量投入,且不能用单纯的经济指标来衡量。根据学术研究与实践观察,环境政策和市场反应可以激励企业进行企业社会责任投资。环境政策方面,环境税收抵免是一种有效的激励政策,能够促使企业进行生产技术投资。例如,美国对采用太阳能技术的企业实施太阳能投资税收抵免(ITC)激励政策。在市场方面,现有行业研究和报告指出,企业社会责任投资对环保产品的需求会产生积极影响,这意味着一些消费者具有环境意识,偏好绿色生产水平高的产品。从上述观察中,本章发现,企业需要考虑可持续的企业社会责任投资成本与激励措施之间的权衡,如环境税收抵免和增量需求带来的收益。因此,从经济和环境两方面分析企业社会责任投资具有重要意义。

此外,制造商的主导地位对供应链企业社会责任投资的影响也值得研究。2011年以来,作为供应链的核心企业,苹果公司已经发行了15亿美元的绿色债券用于环境和绿色生产项目。该公司2016年的综合碳足迹减少了890万吨,承担了企业环境责任。另外,一些大型零售商也参与了供应链合作伙伴的绿色生产发展项目。例如,英国最大的零售集团 Marks & Spencer (M&S) 只会向严格遵守供应商行为准则的上游供应商下订单。2016年,M&S合格供应商提供的棉花材料中有42%源自绿色生产来源(2015年为32%)。然而,在参与供应链领导者的绿色生产项目后,权力较小的追随者是否会受到伤害，以及他们的企业社会责任投资对环境绩效的影响均仍未知。基于此，本章研究了具有主导地位的制造商是否比其他权力较小的供应链成员更有动机进行企业社会责任投资，比较了领导者和追随者的企业社会责任投资对减排效果的影响。

此外，本章还探究了不同的供应链权力结构下，平均市场规模、消费者环保意识、企业社会责任投资成本和税收减免等因素对供应链经济绩效和环境绩效的影响。

现有文献中，考虑不同权力结构下供应链企业社会责任投资问题的文献尚少。Chen 等（2017a）和 Shi 等（2017）进行了相关研究，但他们并未将需求不确定性纳入研究。本章综合研究了供应链权力结构和企业社会责任投资对供应链减排等经济绩效和环境绩效的共同影响。考虑一个两级供应链，其中制造商进行企业社会责任投资决策，零售商进行订货决策。根据实践观察，本章假设企业社会责任投资会带来税收抵免和需求增加效益，分别计算制造商斯坦伯格（MS）、垂直纳什（VN）和零售商斯坦伯格（RS）3 种权力结构下的企业社会责任投资与订货决策。通过比较 3 种权力结构的结果，本章得出一些重要的管理启示。据我们所知，这是第一篇研究随机需求下制造商企业社会责任投资和供应链权力结构共同影响的论文。研究发现，制造商可以通过持续投资绿色生产技术获取收益，尤其是在供应链权力不均等的情况下。当平均市场规模足够大（小）时，在 MS（RS）权力结构中，制造商和零售商都获得了更多的利润，减排效果最为显著，此时为序贯博弈。因此，从环境绩效角度来看，序贯博弈的减排效果比同时博弈（即 VN 权力结构）的减排效果更显著。

本章的组织结构如下：第二节介绍了不同供应链权力结构下的决策模型。第三节分析了制造商的最优企业社会责任投资和零售商的最优订货决策。在第四节中，对所有最优决策进行比较并得出管理启示。具体而言，我们比较了不同供应链权力结构下的供应链经济效益和环境效益，通过数值分析得到更多结论启示。第五节总结本章。所有证明详见附录 A。

第二节　模型框架

本章问题基于垄断情形进行讨论。假设零售商从制造商处以批发价 w

购买单一类型的产品并销售给消费者。该零售商以单位产品售价 p 满足随机的市场需求，制造商的单位生产成本记为 c。由于需求的随机性，在销售期结束时可能存在剩余库存，假设未售出产品的单位残值是 v。不失一般性，令 $p>w>c>v$。

根据文献研究和行业实践，制造商可以通过企业社会责任投资，如提高绿色生产技术，改善产品性能，使产品更加绿色环保（Shi et al.，2017）。定义 e 为企业社会责任投资的增量，代表生产经营活动中碳排放量的减少或者产品绿色环保程度的增加，简称为企业社会责任投资水平。设 D 为产品的随机需求（参见 Dong et al.，2016；Cheng et al.，2018），需求函数为：

$$D = x + \beta e,$$

其中，$\beta>0$ 代表消费者环境意识，$x \geqslant 0$ 表示基本的市场需求。本章假设 x 与企业社会责任投资水平不相关并服从正态分布，即 $x \sim N(\mu, \sigma^2)$。本章称 μ 为平均市场规模。$\Phi(\cdot)$ 和 $\varphi(\cdot)$ 分别是标准正态分布的累积分布函数和概率密度函数。$\Phi^{-1}(\cdot)$ 表示 $\Phi(\cdot)$ 的反函数，Q 表示零售商的订购数量。为了避免琐碎的结果，本章假设 $Q \geqslant \beta e$。

环境税或税收抵免的实施会对企业环保技术选择产生影响，激励一些企业选择对环境危害较小的技术（Dong et al.，2016）。本章假设企业社会责任投资水平（e）降低了制造商的环境税或带来税收抵免效应，即

$$T(e) = te,$$

其中，$t>0$，代表环境税减少或税收抵免系数，由税率和单位污染物排放当量决定。

由于税收抵免和需求增加的积极影响，制造商有动力进行企业社会责任投资，这相应也会给制造商带来成本的增加。因此，本章考虑以下企业社会责任投资成本函数：

$$I(e) = \frac{\lambda}{2} e^2,$$

它表明企业社会责任投资成本函数关于投资水平 e 是凸函数并随着投资水平的增加而增加。这种设定在文献中比较常见（参见 Dong et al.，2016；Cheng et al.，2018）。

零售商决策订货量（Q），制造商决策企业社会责任投资水平的增量（e）。基于以上设置，本章讨论 3 种不同供应链权力结构的模型：①制造商作为斯坦伯格领导者的博弈模型（MS）；②制造商和零售商同时决策的垂直

纳什博弈模型（VN）；③零售商作为斯坦伯格领导者的博弈模型（RS）。两个供应链成员的目标都是最大化企业利润。Π_r^i 和 Π_m^i 分别为制造商进行企业社会责任投资时零售商和制造商的利润，其中 $i=m,n,r$，代表 MS、VN 和 RS 这 3 种供应链权力结构。$x^+=\max(x,0)$，最优期望利润如下：

$$\Pi_r^i = \max E_D[p\min\{D,Q\} - wQ + v(Q-D)^+], \quad (3-1)$$

$$\Pi_m^i = \max\{(w-c+T(e))Q - I(e)\}。 \quad (3-2)$$

在 MS 权力结构中，制造商和零售商进行序贯决策。根据零售商的期望回应，制造商首先决定最优企业社会责任投资水平。然后，零售商根据给定的企业社会责任投资水平，决策订购量。

在 VN 权力结构中，制造商和零售商同时做出决定。零售商确定产品订购量，与此同时，制造商决策企业社会责任投资水平以最大化利润。

在 RS 权力结构中，制造商和零售商按顺序做出决策。根据制造商的响应函数，零售商确定最优产品订购量。然后，制造商再根据给定的订购量决定企业社会责任投资水平。

第三节 不同权力结构下的最优企业社会责任投资与运营联合决策分析

一、制造商斯坦伯格结构下的最优决策

首先，本章考虑 MS 权力结构。对于零售商的最优订购量 Q_m、制造商的最优企业社会责任投资水平 e_m，有如下引理：

引理 3.1 在 MS 权力结构中，零售商的最优订购量和制造商的最优企业社会责任投资水平分别为：

$$Q_m = \frac{(\lambda-\beta t)(\mu+k\sigma)+\beta^2(w-c)}{\lambda-2\beta t}, \quad (3-3)$$

$$e_m = \frac{(\mu+k\sigma)t+\beta(w-c)}{\lambda-2\beta t}, \quad (3-4)$$

其中，$k=\Phi^{-1}\left(\dfrac{p-w}{p-v}\right)$。

将最优决策代入式（3—1）和式（3—2），最优利润公式如下：

$$\Pi_r^m = (p-w)(\mu+\beta e_m) - (p-v)\varphi(k)\sigma, \quad (3-5)$$

$$\Pi_m^m = (w-c+te_m)Q_m - \frac{\lambda}{2}e_m^2 。 \quad (3-6)$$

二、垂直纳什结构下的最优决策

接下来，本节考虑 VN 权力结构。对于零售商的最优订购量 Q_n、制造商的最优企业社会责任投资水平 e_n，有如下引理：

引理 3.2 在 VN 权力结构中，零售商的最优订购量和制造商的最优企业社会责任投资水平分别为：

$$Q_n = \frac{\lambda(\mu+k\sigma)}{\lambda-\beta t}, \quad (3-7)$$

$$e_n = \frac{(\mu+k\sigma)t}{\lambda-\beta t} 。 \quad (3-8)$$

将最优决策代入式（3—1）和式（3—2），最优利润公式如下：

$$\Pi_r^n = (p-w)(\mu+\beta e_n) - (p-v)\varphi(k)\sigma, \quad (3-9)$$

$$\Pi_m^n = (w-c+te_n)Q_n - \frac{\lambda}{2}e_n^2 。 \quad (3-10)$$

三、零售商斯坦伯格结构下的最优决策

在 RS 权力结构中，对于零售商的最优订购量 Q_r、制造商的最优企业社会责任投资水平 e_r，有如下引理：

引理 3.3 在 RS 权力结构中，零售商的最优订购量和制造商的最优企业社会责任投资水平分别为：

$$Q_r = \frac{\lambda(\mu+k'\sigma)}{\lambda-\beta t}, \quad (3-11)$$

$$e_r = \frac{(\mu+k'\sigma)t}{\lambda-\beta t}, \quad (3-12)$$

其中，

$$k' = \Phi^{-1}\left[\frac{p-w}{(p-v)\left(1-\frac{\beta t}{\lambda}\right)}\right] 。$$

将最优决策代入式（3—1）和式（3—2），最优利润公式如下：

$$\Pi_r^r = (p-w)(\mu+\beta e_r) - (p-v)\varphi(k')\sigma, \quad (3-13)$$

$$\Pi_m^r = (w-c+te_r)Q_r - \frac{\lambda}{2}e_r^2 。 \quad (3-14)$$

第四节 权力结构对于企业社会责任投资策略的影响分析

一、制造商最优企业社会责任投资决策比较与策略选择

在本节中，我们将研究权力结构对最优决策、减排量和利润的影响。根据比较结果，本节进一步探究了制造商企业社会责任投资的动机、环境绩效及零售商在企业社会责任投资问题中的作用。

对于权力结构对制造商最优企业社会责任投资水平（e）的影响，得到如下定理：

定理 3.1 $e_m > e_n$，$e_r > e_n$。当 $\mu \geq \tilde{\mu}$ 时，$e_m \geq e_r$，否则，$e_m < e_r$。其中，

$$\tilde{\mu} = \frac{[k'(\lambda-2\beta t) - k(\lambda-\beta t)]t\sigma - (w-c)\beta(\lambda-\beta t)}{\beta t^2} 。$$

当 $k'(\lambda-2\beta t) \leq k(\lambda-\beta t)$ 时，条件 $\mu \geq \tilde{\mu}$ 恒成立。定理 3.1 表明，企业社会责任投资水平是关于供应链成员权力的 U 形函数，说明无论哪个成员是领导者，制造商都会进行企业社会责任投资。因为企业社会责任投资增量是制造商的唯一决策，需要在序贯博弈中将其提升到高于同时博弈的水平。这一结果不同于需求确定时的结果（Shi et al., 2017）。另外，当平均市场规模足够大时（$\mu \geq \tilde{\mu}$），制造商作为供应链领导者时的企业社会责任投资水平最高，这是因为在此种情境下，企业社会责任投资在需求增加和环境节税方面带来的收益将超过投资成本。此结果与行业观察一致，即我们通常能观察到在市场规模较大的行业里，制造商（如 H&M 和 Zara）会积极进行企业社会责任投资实践，而对于市场规模较小的制造商来说，很少提倡绿色生产实践。

二、供应链企业最优运营决策的比较分析

接下来,讨论在不同权力结构下零售商的最优决策的变化情况。为了研究企业社会责任投资对于订货决策的影响,首先考虑制造商没有进行企业社会责任投资的情况,并将其作为基准模型。在基准模型中订货量为 Q_0。令企业社会责任投资水平 $e=0$,得到 $Q_0=\mu+k\sigma$。关于权力结构对零售商最优订货量(Q)的影响,有如下定理:

定理 3.2 $Q_m>Q_n>Q_0$,且 $Q_r>Q_n>Q_0$。当 $\mu\geqslant\hat{\mu}$ 时,$Q_m\geqslant Q_r$,否则,$Q_m<Q_r$。其中,

$$\hat{\mu}=\frac{[k'\lambda(\lambda-2\beta t)-k(\lambda-\beta t)^2]\sigma-(w-c)\beta^2(\lambda-\beta t)}{\beta^2 t^2}。$$

定理 3.2 显示,订货量是零售商权力的 U 形函数,表明当任何一个成员作为领导者,零售商都会订购更多的产品。将这个结论与定理 3.1 中制造商的企业社会责任投资相结合,进一步表明了零售商对供应链可持续发展做出的贡献。在序贯博弈中,零售商能够利用更高的订货量促使制造商提高企业社会责任投资水平($Q_i>Q_n$,$e_i>e_n$,$\forall i=m,r$)。此外,在 VN 结构下,零售商的订货量高于基准模型($Q_n>Q_0$)。这也意味着零售商不断增加的订货量可以促进制造商在同时博弈中的企业社会责任投资。为了进一步分析序贯博弈中制造商和零售商的最优决策,比较了平均市场规模的阈值并得出以下推论:

推论 3.1 因为 $\hat{\mu}>\tilde{\mu}$,当 $\mu\in[\tilde{\mu},\hat{\mu}]$ 时,$e_m\geqslant e_r>e_n$,$Q_r\geqslant Q_m>Q_n$。当 $\mu>\hat{\mu}$ 时,$e_m\geqslant e_r>e_n$,$Q_m\geqslant Q_r>Q_n$。当 $\mu<\tilde{\mu}$ 时,$e_r\geqslant e_m>e_n$,$Q_r\geqslant Q_m>Q_n$。

推论 3.1 表明,当平均市场规模处于中等水平,制造商在供应链中作为领导者时,零售商有机会以更少的订货量($Q_m<Q_r$)使得制造商的企业社会责任投资达到更高水平($e_m>e_r$)。而当平均市场规模足够大时($\mu>\hat{\mu}$),零售商扩大了订货量,使制造商在零售商的领导下继续保持高水平的企业社会责任投资。若平均市场规模较小($\mu<\tilde{\mu}$),零售商担任领导者时的订货量高于其他情况,因此,制造商也进行最高水平的企业社会责任投资。

三、环境绩效的比较分析

本节研究了不同权力结构下的环境绩效。定义 $ER_i=Q_i e_i$ 表示企业社

会责任投资下的减排总量。通过比较每个权力结构下的减排总量，得到如下定理。

定理 3.3 减排总量可视作零售商权力的 U 形函数，即 $ER_m > ER_n$，$ER_r > ER_n$。当 $\mu > \hat{\mu}$ 时，$ER_m > ER_r$；当 $\mu < \tilde{\mu}$ 时，$ER_m < ER_r$。

定理 3.3 表明，当二级供应链中存在领导者时有利于改善环境绩效。结合定理 3.1 和定理 3.2，减排量是由企业社会责任投资水平和订货量共同决定的，因此不同权力结构下的减排量差距被进一步扩大。一方面，当平均市场规模足够大时（$\mu > \hat{\mu}$），在 MS 权力结构中的企业社会责任投资水平最高，零售商作为追随者时的订货量比其他两个结构更多。因此，减排量得到提高。另一方面，当平均市场规模足够小时（$\mu < \tilde{\mu}$），零售商在 RS 结构中最大限度地利用供应链权力增加订货量，制造商有动力进行最多的企业社会责任投资。因此，当平均市场规模较小时，RS 权力结构下的减排量最为显著。

以上定理指出，从环境和消费者的角度来看，因为在不平等的供应链权力结构下减排量更高，满足的需求更多，所以与平等的供应链权力结构相比，不平等的供应链权力结构更具优势。鉴于此，建议监管机构采取措施，如提供补贴等政策，使权力结构平等时决策的供应链转变成权力结构不平等的序贯博弈。这些研究结果还表明，当平均市场足够大（小）时，在 MS（RS）权力结构中，对环境和消费者都更有利。

四、经济绩效的比较分析

接下来，本节分析了零售商和制造商在每种权力结构下的经济绩效。在没有进行企业社会责任投资的基准模型中，零售商和供应商的利润分别表示为 Π_r^0、Π_m^0。为了获得更加简洁的结果，假设库存处在较高水平 $[\varphi(k) > 0.5]$，这在行业实践中很常见（如 Iyer et al., 1997；Choi, 2013b）。因此，$\varphi(k)$ 与 k 呈负相关。我们会在后面的数值分析中放松这个假设。关于权力结构对零售商最优利润的影响，获得如下定理。

定理 3.4 $\Pi_r^m > \Pi_r^0 > \Pi_r^r$，$\Pi_r^r > \Pi_r^0 > \Pi_r^0$。当 $\mu > \mu'$，$\Pi_r^m > \Pi_r^r$，否则，$\Pi_r^m < \Pi_r^r$，其中，

$$\mu' = \frac{(p-v)(\lambda-2\beta t)(\lambda-\beta t)[\varphi(k)-\varphi(k')]\sigma + (p-w)\beta\{[k'(\lambda-2\beta t)-k(\lambda-\beta t)]\sigma - (w-c)\beta(\lambda-\beta t)\}}{(p-w)\beta^2 t^2}$$

。

有趣的是，定理 3.4 也表明零售商的期望利润是关于零售商权力的 U 形函数。此外，零售商是领导者时的利润可能低于零售商是追随者时的利润。因为制造商的企业社会责任投资带来的需求增加提高了零售商的利润，从而使零售商受益。数值分析中考虑服务水平较低的情况 $[\varphi(k)<0.5]$，本节进一步研究了零售商在不同权力结构下的利润表现。对于参数的取值，设置 $\beta=3$，$t=2.5$，$\lambda=20$，$w=60$，$v=30$ 及 $c=50$，低服务水平下 $p=70$，高服务水平下 $p=100$，令 μ 从 20 到 100 变化。

图 3-1(a)说明服务水平较低时，零售商利润与其权力呈负相关。这个结论与定理 3.4 的结论不一致。当服务水平较低时，零售商利润在 RS 权力结构中最低。当服务水平低于 0.5 时，安全系数为负且 $\varphi(k)<\varphi(k')$。因此，零售商的利润在 RS 权力结构中最低。图 3-1(b)证实了定理 3.4 的结论。

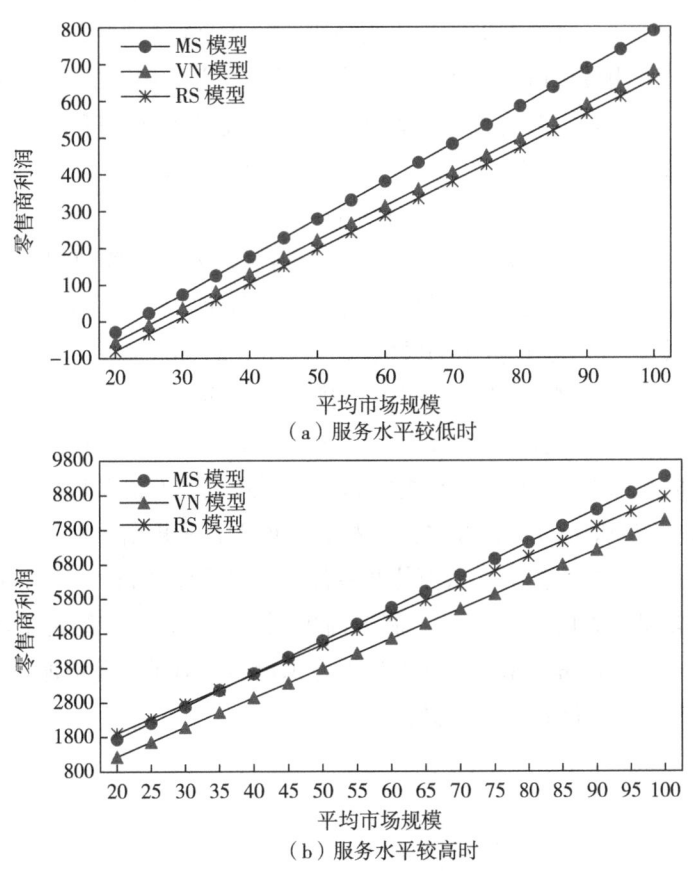

图 3-1 服务水平低/高时的零售商利润

关于权力结构对制造商最优利润的影响，获得如下定理：

定理 3.5 $\Pi_m^m > \Pi_m^n > \Pi_m^0$，$\Pi_m^r > \Pi_m^n > \Pi_m^0$。

定理 3.5 表明，由于利润的提升，制造商有动机进行企业社会责任投资（$\Pi_m^i > \Pi_m^0$，$\forall i = m, n, r$）。此外，本章发现，制造商的期望利润是关于其权力的 U 形函数，这与之前的结论相一致。因此，无论哪个成员作为供应链领导者，都有可能同时实现经济和环境的最优（$\Pi_i^i > \Pi_i^n > \Pi_i^0$，$ER_j > ER_n$，$\forall i = r, m, j = r, m$）。

五、数值分析

对两个序贯博弈之间的减排量和制造商利润进行比较分析，是一个棘手的问题。为了从环境角度进一步研究制造商的企业社会责任投资动机和减排表现，本节采用数值研究比较了制造商在不同权力结构下的利润和减排量。与分析结果一致，本节讨论了平均市场规模对制造商利润和减排总量的影响。对于参数值，设置 $\beta = 3$，$t = 2.5$，$\lambda = 20$，$\sigma = 20$，$p = 12$，$w = 7$，$v = 3$ 及 $c = 5$，令 μ 从 5 到 95 进行变化。

根据图 3-2（a），我们发现存在一个阈值，大于该阈值时，制造商在 MS 权力结构下比在其他权力结构下更易获得利润。另外，该阈值大于企业社会责任投资（$\widetilde{\mu}$）和订货量的阈值（$\hat{\mu}$）。图 3-2（b）显示当平均市场规模超过一定阈值时，MS 权力结构下的减排量更加显著。将图 3-2 的结果与定理 3.3、定理 3.4、定理 3.5 结合，一方面，我们发现当平均市场规模足够大（小）时，MS（RS）权力结构能同时达到最优的经济和环境绩效。这意味着当需求较小时（$\mu \leqslant 20$），在 RS 权力结构下，零售商会利用供应链权力引导制造商进行更多投资，从而使两者都能获得最优利润。另一方面，当平均市场规模足够大时（$\mu \geqslant 90$），制造商更愿意在 MS 权力结构下进行最多的企业社会责任投资。由于消费者环保意识增强，需求显著增加，制造商和零售商的利润在 MS 结构下最高。

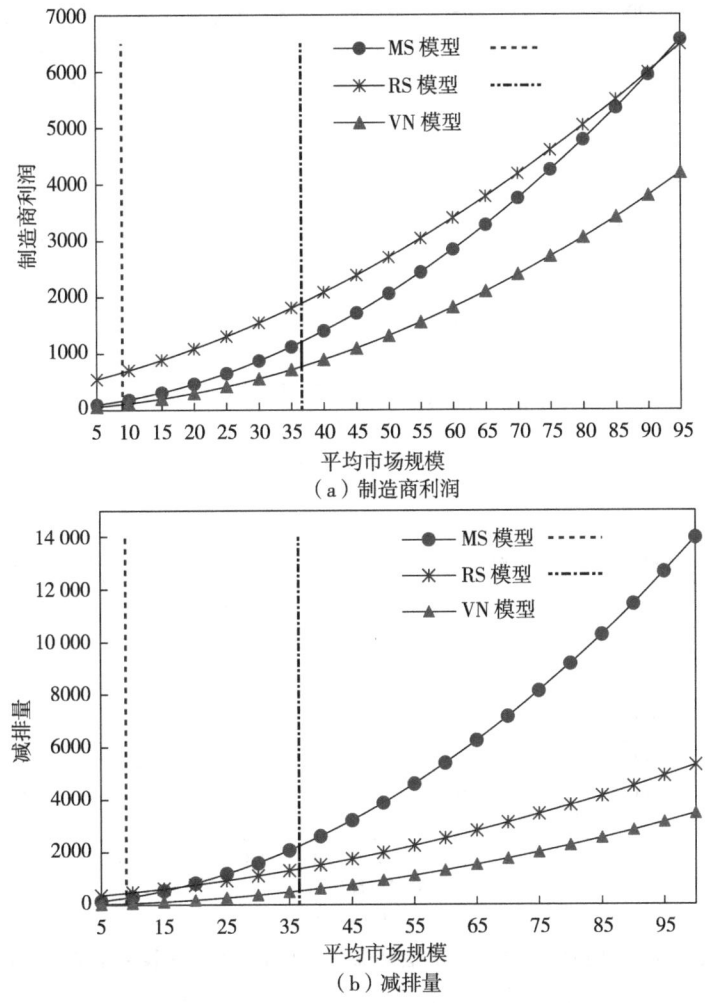

图 3-2 不同权力结构下平均市场规模对制造商利润及减排量的影响

接下来,将平均市场规模设置为 $\mu=35$。进一步进行敏感性分析以展示消费者的环保意识 (β) 如何影响制造商的利润和减排量。令 β 从 0.8 到 4 进行变化,结果如图 3-3 所示。

图 3-3 显示,制造商的利润和减排量与消费者环保意识成正比。当 β 足够小时 ($\beta<3.6$),制造商利润在 RS 权力结构中最大,而减排量在 MS 权力结构中最显著。有趣的是,当消费者的环保意识超过某一阈值时 ($\beta>3.6$),从制造商角度看,MS 权力结构有可能同时实现最优的经济和环境绩效。

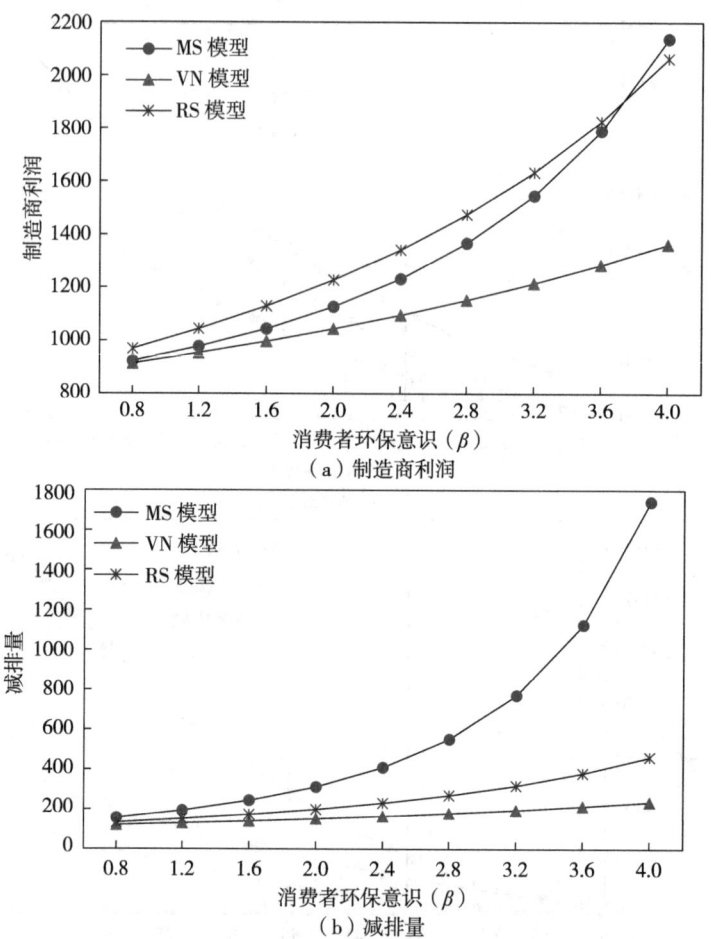

图 3-3 不同权力结构下消费者环保意识对制造商利润及减排量的影响

接下来，令 λ 从 20 到 36 进行变化，分析企业社会责任投资成本（λ）对制造商利润和减排量的影响。

从图 3-4 可以看出，当企业社会责任投资成本较低时，制造商在 MS 权力结构中达到经济和环境绩效的最优。此时，MS 权力结构和 RS 权力结构的投资差异较大，同时带来了更多的节税额和订货量。然而，当企业社会责任投资成本足够高时，制造商利润在 RS 权力结构中最高，在 MS 权力结构中进行最多的企业社会责任投资。这个结果对于监管机构非常具有启发性。在实践中，监管机构通常会向进行社会责任投资的企业提供补贴，以降低企业社会责任投资的成本。如图 3-4 所示，因为补贴加大了减排差距，所以补贴在 MS 结构中最有效。

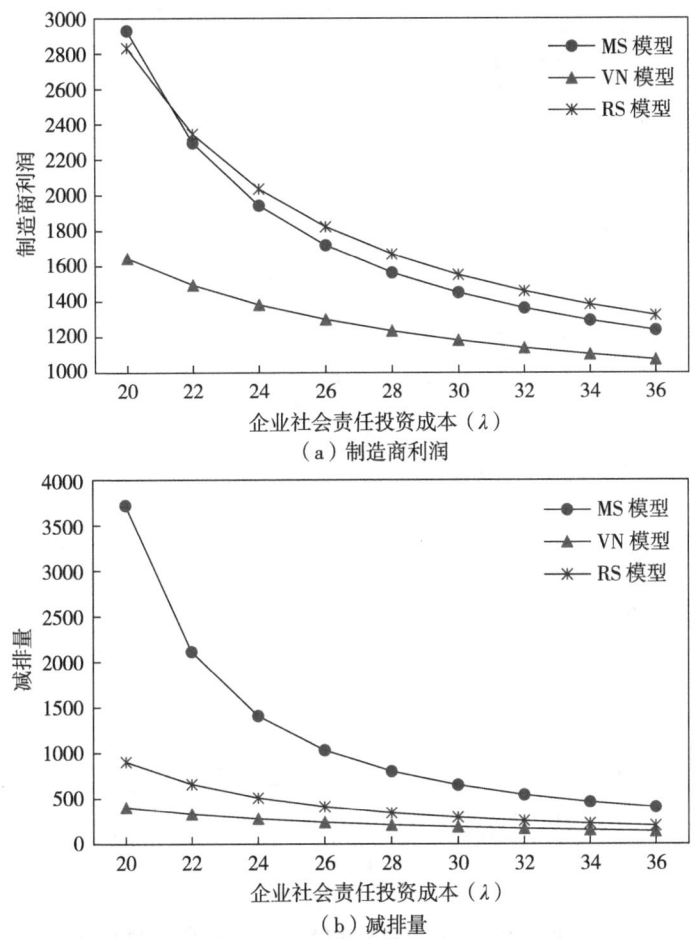

(a) 制造商利润

(b) 减排量

图 3-4　不同权力结构下企业社会责任投资成本对制造商利润及减排量的影响

令环境税节省额 t 从 1.6 变化到 4.4，展示单位环境税节省额（t）对制造商利润和减排量的影响。

图 3-5 表明，当单位环境税节省额非常高时，对减排量的影响在 MS 权力结构中最为显著，此时，制造商在 MS 权力结构中的利润最高。当环境税节省额相对较低时，即使 MS 权力结构中的减排量最高，制造商在 MS 权力结构中的利润仍低于 RS 权力结构。从监管机构的角度来看，利用环境税来诱使制造商进行企业社会责任投资的举措在 MS 权力结构中是最有效的。

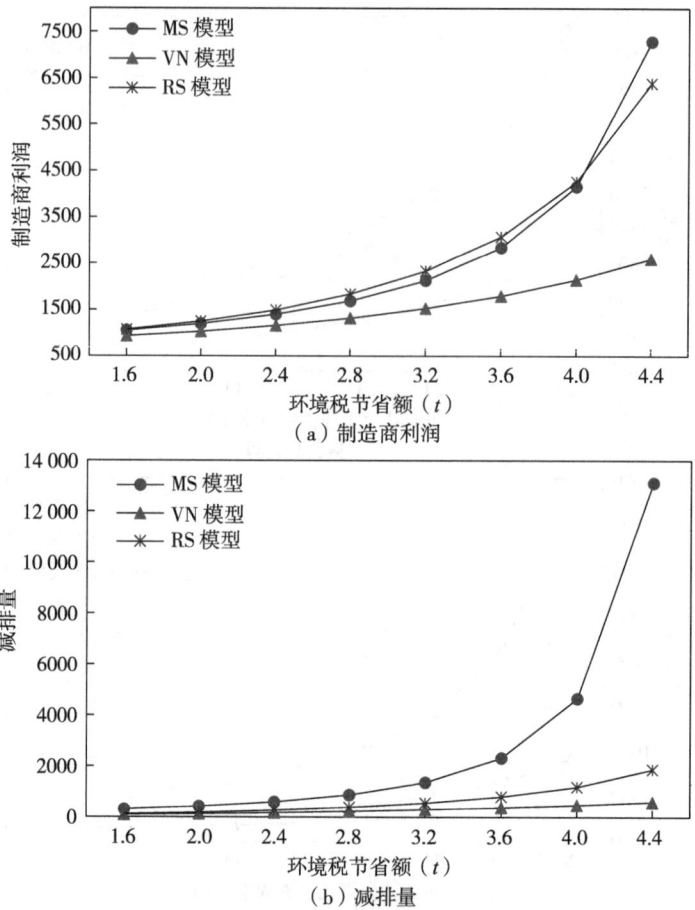

图 3-5　不同权力结构下环境税节省额对制造商利润及减排量的影响

第五节　本章小结

本章通过建立理论分析模型,研究了 3 种不同权力结构下,由一个零售商和一个制造商组成的两级供应链。根据行业惯例与文献研究的相关结果,制造商进行企业社会责任投资的相关动力有诸如环境税抵免与市场需求增加等,零售商可以利用订货量影响制造商的企业社会责任投资决策。本章从经济和环境两方面研究并比较了 3 种权力结构下的最优决策与绩效。主要研究发现如下:

从零售商的角度来看，在 VN 模型中，零售商的利润和订货量总是最低。在 MS 模型中，存在一个平均市场规模阈值 $\hat{\mu}$（μ'），小于该阈值时，零售商的利润和订货量较高。此外，如果制造商进行企业社会责任投资，3 种权力结构下零售商的订货量与利润都会增加。因此，本章得到了零售商能够利用较高的订货量吸引制造商进行企业社会责任投资这一结论。

从制造商的角度来看，由于各权力结构下的税收抵免和需求增加，制造商有动力进行企业社会责任投资。制造商的利润与企业社会责任投资水平都是其权力的 U 形函数。数值分析的结果表明，当平均市场规模较小、消费者环保意识较低、企业社会责任投资成本较高或单位企业社会责任投资所能节省的税额较低时，制造商利润在零售商作为供应链领导者的 RS 结构下最高。

从环境的角度来看，与同时博弈的情况相比，序贯博弈下的减排效果更为显著。在 MS 模型中，当平均市场规模超过一定阈值时，制造商的企业社会责任投资水平最高。相应地，在该权力结构下，减排总量也最为可观。然而，在 RS 模型中，相对较小的平均市场规模反而能够带来最高的企业社会责任投资水平与最大的减排量，从而使环境受益。

从消费者和监管者的角度来看，与同时博弈的情况相比，序贯博弈下有更多的消费者需求能够得到满足。对于监管者来说，利用补贴和环境税来诱导制造商进行企业社会责任投资的举措在 MS 模型中最为有效。

本章研究了需求不确定时 3 种权力结构下企业社会责任投资对经济与环境绩效的影响，是相关领域的早期探索。为了得到易于处理与直观的分析结果，本章假设批发价与零售价都是预先确定的。在后续研究中，将批发价作为决策变量研究不同契约下的供应链协调，也是非常有趣的。此外，也可以讨论多个零售商竞争环境下的定价决策与溢出效应对企业社会责任投资与减排的影响，还可以研究供应链成员都有权选择是否进行企业社会责任投资的决策问题。最后，后续也可以将本章的模型拓展到涉及多个零售商和制造商且考虑多种绿色产品生产的更复杂环境中。

第四章　零售商企业社会责任投资策略与运营决策研究

第一节　引　言

企业社会责任问题日益受到学术界和产业界的关注，其中，碳排放等环境问题尤为重要。美国等许多国家已经颁布了碳排放法规来处理环境问题。其中，环境税是一种有效减少碳排放的措施（Krass et al.，2013）。因此，许多企业愿意投资企业社会责任以减少碳排放，从而获得税收抵免（Drake et al.，2015）。

在市场响应方面，有文献表明，消费者愿意为有绿色产品标签的商品支付更高的价格（Dong et al.，2016）。消费者日益增强的环保意识也是鼓励企业进行企业社会责任投资的因素。在供应链中，企业社会责任投资不仅有利于制造商减少碳排放，也有利于零售商增加需求。因此，零售商有动机参与企业社会责任投资（Toptal et al.，2014；Shi et al.，2017）。比如，英国的玛莎百货等一些零售商直接对其制造商的清洁产品进行企业社会责任投资。根据可持续发展报告，在 2007 年，玛莎百货对企业社会责任项目投资超过 2 亿英镑，包括对供应商制造的直接投资（Marks & Spencer Plan A Report，2016）。可以肯定的是，现有制造商有动机通过直接投资企业社会责任项目等清洁制造促进可持续发展。值得注意的是，最近披露的大多数可持续发展报告显示，仅有大型零售商进行了企业社会责任投资（Marks & Spencer Plan A Report，2016；NIKE Sustainable Business Report，2017）。尽管现有文献或行业报告很少对这个问题进行探讨，但研究小型零售商是否会受益于企业社会责任投资是一个有趣的研究方向。

基于上述行业实例，本章通过企业社会责任投资和相关绩效研究零售商如何为企业社会责任问题做出贡献。具体来说，本章考虑了包含两个价格竞争的零售商与一个共有制造商的供应链结构。两个零售商都可以直接对共有制造商的清洁生产进行企业社会责任投资，并通过宣传刺激销售。由于企业社会责任投资，制造商可以减少碳排放并获得税收减免。此外，制造商可以通过调整批发价格影响零售商的企业社会责任投资决策。考虑零售商在供应链中的地位，本章研究了权力结构对零售商企业社会责任投资和供应链相关绩效的影响。在纳什博弈、制造商主导的斯坦伯格博弈和零售商主导的斯坦伯格博弈中，本章分别分析了制造商的批发价格、零售商的企业社会责任投资水平和零售价格。在得到制造商的批发价格、零售商的企业社会责任水平和零售价格的最优解后，本章对这3种供应链权力结构下的最优决策和相关绩效进行比较并得出管理启示。通过比较最优决策和零售商利润，本章研究了零售商的企业社会责任投资动机。此外，通过比较制造商利润，本章分析了制造商如何调整批发价格影响零售商决策。然后，本章从环境角度分析了零售商的权力对企业社会责任投资和减排总量等环境绩效的影响。最后，本章将模型拓展至只有一个零售商进行企业社会责任投资的非对称结构。结果表明，虽然两个零售商同时进行企业社会责任投资时的减排总量更多，对环境更有利，但在序贯博弈（即制造商主导和零售商主导的斯坦伯格博弈）中，单个零售商投资带来的单位减排量高于两个零售商同时投资下的减排量。据我们所知，本章是第一个研究竞争的零售商在不同权力结构下的企业社会责任投资效应的研究。

本章的其余部分组织如下：第二节介绍了零售商和制造商在3种不同权力结构下的决策模型。第三节分别推导了不同权力结构下零售商企业社会责任投资的最优决策。第四节比较了不同结构下的最优决策、利润和环境绩效，并得出了管理见解；第四节第三小节是模型拓展，考虑单一零售商企业社会责任投资的非对称投资结构。最后，第五节进行本章总结并指出未来研究方向。所有的证明见附录B。

第二节　模型框架

考虑一个两级供应链，其中制造商（M）向两个双寡头零售商（$i \in \{1, 2\}$）销售单一类型的产品，单位产品批发价格为$w_i(w_{3-i})$。根据行业实践和现有文献，由于消费者具有环保意识，两个零售商都有动机对制造商的清洁制造进行企业社会责任投资。零售商 i 的企业社会责任投资成本与单位产品的企业社会责任投资水平 $e_i(i=1,2)$ 有关。根据 Shi 等（2017），假设投资成本 $I(e)=\lambda\dfrac{e^2}{2}$ 随着企业社会责任投资水平递增且是企业社会责任投资水平的凸函数，λ 为投资成本系数。

假定市场需求是确定的，等于零售商的订货量。两个零售商进行价格竞争，零售价为 p_i。零售商 i 的另一个决策变量是企业社会责任投资水平，记为 e_i。此外，零售商会通过环境信息披露公告或宣传其对可持续发展的贡献（如 Marks & Spencer Plan A Report，2016；NIKE Sustainable Business Report，2017）。因此，消费者能够识别零售商的企业社会责任投资，并根据零售商的企业社会责任投资水平的不同做出购买决策。零售商 i 的需求为：

$$D_i = a - p_i + bp_{3-i} + re_i。 \qquad (4-1)$$

其中 b 表示两个零售商的竞争强度，r 表示消费者的环保意识系数。在 Dong（2016）、Shi（2017）、Li 等（2016）中也采用了类似的需求函数。

零售商 i 的利润函数为：

$$\pi_{r,i}(e_i, p_i) = (p_i - w_i)D_i - I(e_i)。 \qquad (4-2)$$

企业社会责任投资可能会给制造商带来环境税收抵免优惠。假设 t 表示单位产品社会责任投资的节税效应。此外，单位制造成本是 c，那么制造商的利润函数为：

$$\pi_m(w_i, w_{3-i}) = \sum_{i=1}^{2}(w_i - c + t(e_1 + e_2))D_i。 \qquad (4-3)$$

为了避免琐碎的结果，参考 Shi 等（2017）、Li 等（2016），假设 $b\lambda>(r+t)^2$ 和 $r>t$。

为了研究零售商在供应链中的地位对决策和环境绩效的影响，本章考虑了3种不同的供应链权力结构。

（1）纳什博弈（N）：制造商和零售商具有相同的权力。它们同时决策批发价格、企业社会责任投资水平和零售价格。最优决策是纳什均衡，即在其他所有参与者的策略确定的情况下，其选择的策略是最优的。

（2）制造商主导的斯坦伯格博弈（M）：制造商比两个零售商拥有更大的权力。因此，这是制造商作为领导者的斯坦伯格博弈，简称为 M-lead 博弈。决策顺序为：制造商首先决定批发价格；然后，两个零售商根据批发价格同时决定零售价格和企业社会责任投资水平。

（3）零售商主导的斯坦伯格博弈（R）：两个零售商比制造商拥有更大的权力。这是零售商作为供应链领导者角色的斯坦伯格博弈，简称为 R-lead 博弈。决策顺序为：两个零售商同时决策社会责任投资水平和零售价格；然后，制造商根据零售商的决策设定批发价格。

以上 3 种权力结构在供应链管理的文献中已得到了广泛讨论。不同的权力结构代表了供应链成员在供应链中的不同议价能力或地位。环境问题（Shi et al., 2017；Chen et al., 2017；Shi et al., 2018）、最优价格策略问题（Chen et al., 2016；Ertek and Griffin, 2002；Cai et al., 2009；Luo et al., 2017）、渠道竞争（Choi, 1991；Zheng et al., 2017；Wu et al., 2012）和渠道选择问题（Xue et al., 2014；Chen et al., 2015）等相关研究都考虑了相似结构。

第三节　不同权力结构下的最优决策分析

首先，本节讨论了不同权力结构下的最优决策和最优利润。在不同权力结构下，零售商 i 的最优零售价格和企业社会责任投资水平分别表示为 p_i^j 和 e_i^j，其中 $j=N,M,R$。值得注意的是，最优零售价格（p_i）是通过搜寻最优边际贡献 m_i 得到的。制造商对零售商 i 的最优批发价格表示为 w_i^j。我们得到以下引理：

引理 4.1 零售商的最优决策都是对称的。各权力结构下的最优决策如表 4-1 所示。

表 4-1　最优决策

模型	e_i^j	p_i^j	w_i^j
纳什博弈 ($j=N$)	$\dfrac{Xr}{A^N}$	$\dfrac{X[(2-b)\lambda-2(1-b)rt]}{(1-b)A^N}+c$	$\dfrac{X[\lambda-2(1-b)rt]}{(1-b)A^N}+c$
M-lead 博弈 ($j=M$)	$\dfrac{Xr}{A^M}$	$\dfrac{X[(3-2b)\lambda-4(1-b)rt-r^2]}{(1-b)A^M}+c$	$\dfrac{X[(2-b)\lambda-4(1-b)rt-r^2]}{(1-b)A^M}+c$

续表

模型	e_i^j	p_i^j	w_i^j
R-lead 博弈 $(j=R)$	$\dfrac{X(r+t-bt)}{A^R}$	$\dfrac{X[(3-2b)\lambda-2(1-b)rt-2(1-b)^2t^2]}{(1-b)A^R}+c$	$\dfrac{X[\lambda-2(1-b)rt-2(1-b)^2t^2]}{(1-b)A^R}+c$

其中，$X=a-c+bc$，$A^N=(3-b)\lambda-2(1-b)rt-r^2$，$A^M=2(2-b)\lambda-4(1-b)rt-2r^2$，$A^R=2(2-b)\lambda-3(1-b)rt-2(1-b)^2t^2-r^2$。

引理 4.1 证明了零售商和制造商最优决策的存在性和唯一性。

本节进一步分析了投资成本系数 λ 对不同供应链结构下各成员最优决策的影响。

推论 4.1 最优企业社会责任投资水平、零售价格和批发价格关于投资成本系数 λ 的单调性如下：

(1) e_i^N，e_i^M，e_i^R 与 λ 负相关。

(2) p_i^N 和 p_i^R 与 λ 负相关。仅当 $2t>r$ 时，p_i^M 与 λ 正相关。

(3) 仅当 $\dfrac{t}{r}>\dfrac{1}{2(1-b)(2-b)}$ 时，w_i^N 与 λ 正相关。仅在 $\dfrac{t}{r}>\dfrac{1}{2(1-b)(3-2b)}$ 时，w_i^R 与 λ 正相关。

与直觉一致，每个零售商的企业社会责任投资水平（e_i^j）随着投资成本（λ）增大而降低。因此，由于投资成本高而导致的企业社会责任水平的下降会降低需求。在纳什博弈和 R-lead 博弈中，为了吸引顾客购买，零售商必须降低零售价格。有趣的是，在 M-lead 博弈中，零售价格是否随 λ 增大而降低取决于 $2t$ 和 r 之间的关系，前者代表制造商单位产品企业社会责任投资带来的节税效应，后者表示企业社会责任投资对需求的边际影响。在 M-lead 博弈中，作为跟随者，每个零售商面临的批发价格与企业社会责任投资成本正相关。当市场需求受到企业社会责任水平（$2t<r$）的显著刺激时，与纳什博弈和 R-lead 博弈一样，零售商在 M-lead 博弈中仍然采用相对较低的零售价格。然而，当需求增加对企业社会责任投资不太敏感时（$r<2t$），随着投资成本的增加，两个零售商都会试图提高零售价格以保持利润率。这意味着，在某种程度上，消费者环保意识较弱的 M-lead 博弈中，企业社会责任投资成本在一定程度上转移到了消费者身上。若企业社会责任投资成本降低，零售商企业社会责任投资水平提高，当制造商环境节税效应显

著时,大多数情况下制造商愿意降低批发价格(即在纳什博弈和 R-lead 博弈中分别为 $\frac{t}{r} > \frac{1}{2(1-b)(2-b)}$ 和 $\frac{t}{r} > \frac{1}{2(1-b)(3-2b)}$。

下面的引理表明在不同权力结构下,制造商和零售商的利润都与零售商的企业社会责任投资有关。

引理 4.2 不同权力结构下零售商和制造商的最优利润如表 4-2 所示。

表 4-2 两个零售商投资的最优利润

模型	Π_{ri}^{j}	Π_{m}^{j}
纳什博弈($j=N$)	$\dfrac{X^2\lambda(2\lambda-r^2)}{2(A^N)^2}$	$\dfrac{2X^2\lambda^2}{(1-b)(A^N)^2}$
M-lead 博弈($j=M$)	$\dfrac{X^2\lambda(2\lambda-r^2)}{2(A^M)^2}$	$\dfrac{X^2\lambda}{(1-b)A^M}$
R-lead 博弈($j=R$)	$\dfrac{X^2\lambda[\lambda-2(1-b)rt-(1-b)^2t^2-r^2]}{2(A^R)^2}$	$\dfrac{2X^2\lambda^2}{(1-b)(A^R)^2}$

其中,$X=a-c+bc$,$A^N=(3-b)\lambda-2(1-b)rt-r^2$,$A^M=2(2-b)\lambda-4(1-b)rt-2r^2$,$A^R=2(2-b)\lambda-3(1-b)rt-2(1-b)^2t^2-r^2$。

第四节 权力结构对于企业社会责任投资与运营决策的影响分析

在本节中,通过研究不同权力结构下零售商的企业社会责任投资动机、最优决策、经济和环境绩效,分析了零售商在供应链可持续发展中的作用。首先比较最优决策和利润说明零售商的企业社会责任投资动机,然后讨论不同权力结构下的相关绩效。

一、不同权力结构下零售商企业社会责任投资的激励机制

为了刻画企业社会责任投资的动机,定义了一个基准模型。在基准模型中,两个零售商都不进行企业社会责任投资,用符号"—"表示。令基准模

型中 $t=0$，$r=0$，则 $e_i=0$（$\forall i=1, 2$）。然后，求解基准模型下制造商和零售商的最优决策和利润，如表 4-3 所示。

表 4-3　无投资情况下的最优决策和利润

模型	$\bar{p}_i^j$	$\bar{w}_i^j$	$\bar{\Pi}_{ri}^j$	$\bar{\Pi}_m^j$
纳什博弈 ($j=N$)	$\dfrac{X(2-b)}{(1-b)(3-b)}+c$	$\dfrac{X}{(1-b)(3-b)}+c$	$\dfrac{X^2}{(3-b)^2}$	$\dfrac{2X^2}{(1-b)(3-b)^2}$
M-lead 博弈 ($j=M$)	$\dfrac{X(3-2b)}{2(1-b)(2-b)}+c$	$\dfrac{X}{2(1-b)}+c$	$\dfrac{X^2}{4(2-b)^2}$	$\dfrac{X^2}{2(1-b)(2-b)}$
R-lead 博弈 ($j=R$)	$\dfrac{X(3-2b)}{2(1-b)(2-b)}+c$	$\dfrac{X}{2(1-b)(2-b)}+c$	$\dfrac{X^2}{8(2-b)^2}$	$\dfrac{X^2}{2(1-b)(2-b)^2}$

为了显示零售商企业社会责任投资的动机，首先分别比较最优批发价格。

定理 4.1　在纳什博弈中，当 $\dfrac{t}{r} \leq \dfrac{1}{2(1-b)(2-b)}$，$w_i^N \geq \bar{w}_i^N$；否则，$w_i^N < \bar{w}_i^N$。

在 M-lead 博弈中，$w_i^M < \bar{w}_i^M$。

在 R-lead 博弈中，当 $\dfrac{t}{r} \leq \dfrac{1}{2(1-b)(3-2b)}$，$w_i^R \geq \bar{w}_i^R$；否则，$w_i^R < \bar{w}_i^R$。

定理 4.1 表明，在大多数情况下，零售商的企业社会责任投资可以降低批发价格。然而，在 R-lead 博弈和纳什博弈中，当企业社会责任投资的节税效应比需求的增加量小时（即 $\dfrac{t}{r} \leq \dfrac{1}{2(1-b)(2-b)}$ 和 $\dfrac{t}{r} \leq \dfrac{1}{2(1-b)(3-2b)}$），零售商进行企业社会责任投资会被收取更高的批发价格。说明当制造商的权力较小（即纳什博弈和 R-lead 博弈），若零售商进行企业社会责任投资带来节税效应小于需求增加，制造商会提高批发价格，此时，零售商的企业社会责任投资动机可能会受到损害。

然后，本节分别比较了企业不进行企业社会责任投资与进行企业社会责任投资时，每种权力结构下的最优零售价格。

定理 4.2　在纳什博弈中，$p_i^N \geq \bar{p}_i^N$。

在 M-lead 博弈中，当 $\dfrac{t}{r} \leq \dfrac{1}{2}$ 时，$p_i^M \geq \bar{p}_i^M$；否则，$p_i^M < \bar{p}_i^M$。

在 R-lead 博弈中，$p_i^R > \bar{p}_i^R$。

定理 4.2 进一步表明，当零售商进行企业社会责任投资时，可以利用供应链权力收取更高的零售价格（即 $p_i^N \geqslant \bar{p}_i^N$ 和 $p_i^R > \bar{p}_i^R$）。然而，当制造商是供应链的领导者时，如果节税效应小于需求增加（即 $\frac{t}{r} \leqslant \frac{1}{2}$），零售商可能不得不降低零售价格并进行企业社会责任投资。

定理 4.1 和定理 4.2 说明，在不同的权力结构中，企业社会责任投资对最优批发价格和零售价格的影响是不同的。另外，批发价格和零售价格对零售商利润的共同影响仍不明确。随后，通过直接比较有投资和没有投资的零售商的最优利润，分别展示了不同权力结构下零售商的企业社会责任投资动机。此外，本节还比较了制造商的利润。下面的定理总结了这些结果。

定理 4.3 当两个零售商都进行企业社会责任投资时，零售商和制造商总能获得比无投资情况下（即 $\Pi_i^j > \bar{\Pi}_m^j$ 和 $\Pi_{ri}^j > \bar{\Pi}_{ri}^j$，$\forall j = N, M, R$）更多的利润。

定理 4.3 表明，由于利润的提高，两个零售商都有动力在各种权力结构下进行企业社会责任投资。此外，即使在前面的分析中制造商有时会给零售商让利，制造商也从零售商的投资中获得了税收减免和需求增加的好处。结合定理 4.1 和定理 4.2 的结果，零售商投资的激励来自批发价格和零售价格的联合效应。

二、零售商权力对决策和绩效的影响

在本节中，讨论了零售商的权力如何影响供应链成员的决策和相关绩效。首先，比较了不同权力结构下零售商的权力对最优批发价格的影响。关于权力结构对制造商最优批发价格的影响，得到以下定理：

定理 4.4

（1）当 $\lambda < 2rt + \frac{r^2}{1-b}$，$w_i^M < w_i^N$；否则，$w_i^M \geqslant w_i^N$。

（2）$w_i^N < w_i^R$。

定理 4.4 表明，当企业社会责任投资成本较大（即 $\lambda \geqslant 2rt + \frac{r^2}{1-b}$）时，批发价格随着零售商的权力增大而减小（$w_i^M > w_i^N > w_i^R$）。这意味着，当企业社会责任投资成本较高时，零售商的投资动机可能会降低。因此，制造商可能会面临节税效应降低且环境相关需求下降。此时，制造商会利用供应链权力调高批发价格。然而，当投资成本较低时，批发价格是零售商权力的倒 U 形函数，即 $w_i^N > w_i^M$ 和 $w_i^N > w_i^R$。这说明当企业社会责任投资成本较低时，制造商必须在序贯博弈（即 R-lead 博弈和 M-lead 博弈）中让出一定的收益，以激励和补偿零售商进行大量企业社会责任投资。

在 M-lead 博弈和 R-lead 博弈中，最优批发价格的比较分析是棘手的。因此，通过数值分析分别研究了 M-lead 博弈和 R-lead 博弈中的最优批发价格。对于参数设置，令 $t=0.3$，$r=1$，$b=0.3$ 表示适度竞争的市场，$b=0.8$ 表示激烈竞争的市场。记 $\Delta w^{MR} = w_i^M - w_i^R$，$\lambda$ 从 $\dfrac{(r+t)^2}{b}$ 变动至 14。结果如图 4-1 所示。

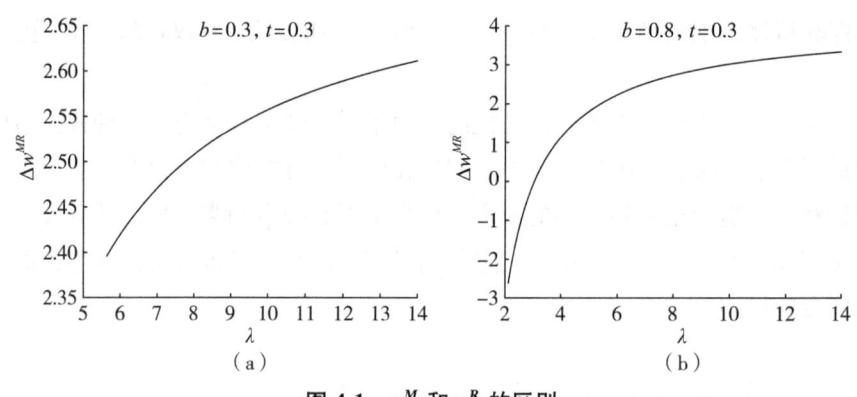

图 4-1　w_i^M 和 w_i^R 的区别

从数值分析来看，当竞争适度（即 $b=0.3$）时，$\Delta w^{MR} > 0$ 始终成立；当竞争激烈（即 $b=0.8$）时，只在 λ 相对较大时 $\Delta w^{MR} > 0$。面对适度竞争的市场，需求增加对零售商企业社会责任投资的激励效果可能会减弱。因此，当零售商权力较小（即 $w_i^M > w_i^R$）时，将接受较高的批发价格。然而，当市场竞争激烈且企业社会责任投资成本相对较低时，零售商会进行更多的企业社会责任投资以增大顾客需求，且制造商可能会随着零售商权力的增加（即 $w_i^M < w_i^R$）而降低批发价格。

关于权力结构对零售商最优零售价格的影响，得到如下定理：

定理 4.5

(1) 当 $\lambda < 2rt + \dfrac{r^2}{1-b}$，$p_i^M < p_i^N$；否则，$p_i^M \geqslant p_i^N$。

(2) $p_i^N < p_i^R$。

由定理 4.5 可知，M-lead 博弈与纳什博弈的比较与批发价格的比较结果一致。然而，零售价格在纳什博弈与 R-lead 博弈的比较结果与批发价格不同。这表明，在 R-lead 博弈下企业社会责任投资带来的好处最显著，因为零售商通过较低的批发价格和较高的零售价格获得了较大的利润率。M-lead 和 R-lead 博弈的比较较为复杂，因此通过数值分析给出了不同竞争强度、减税率和投资成本下的比较结果，如图 4-2 所示。

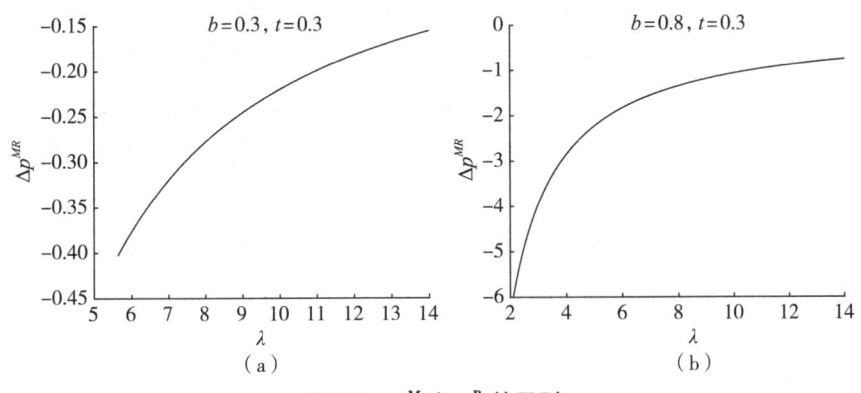

图 4-2 p_i^M 和 p_i^R 的区别

定义 $\Delta p^{MR} = p_i^M - p_i^R$。在不同竞争强度、节税效应和投资成本下，零售价格是零售商供应链权力的增函数（$p_i^M < p_i^R$）。综上所述，零售商在 R-lead 博弈下定价最高，而纳什博弈与 M-lead 博弈的价格关系取决于投资成本。

通过比较任意两个权力结构下的企业社会责任投资水平，分析零售商权力对环境绩效的影响，得到如下定理：

定理 4.6 各供应链结构下企业社会责任投资水平结果如下。

(1) 当 $\lambda < 2rt + \dfrac{r^2}{1-b}$，$e_i^M > e_i^N$；否则，$e_i^M \leqslant e_i^N$。

(2) 当 $\dfrac{t}{r} < \dfrac{1}{(3-b)}$，$e_i^N > e_i^R$；否则，$e_i^N \leqslant e_i^R$。

(3) 当 $\lambda < \dfrac{2(1-b)^2 rt^2 + 3(1-b)r^2 t + r^3}{2(1-b)(2-b)t}$，$e_i^M > e_i^R$；否则，$e_i^M \leqslant e_i^R$。

定理 4.6 表明，单位产品企业社会责任投资水平取决于投资成本系数和单位节税效应与消费者环保意识的比值。一方面，当投资成本相对较低时，M-lead 博弈企业社会责任投资水平最高。此时，零售商具有较强的企业社会责任投资动机；然而，在某些条件下，零售商会利用供应链权力减少投资水平。另一方面，当企业社会责任投资成本较高时，零售商进行企业社会责任投资的动机较低。然而，企业社会责任投资是零售商供应链权力的增函数。有趣的是，纳什博弈和 R-lead 博弈在企业社会责任投资水平方面的差异只取决于单位节税效应和消费者的环保意识。当消费者的环保意识相对较强时，权力较弱的零售商依然会试图加大企业社会责任投资。

为了进一步考察零售商对环境的贡献，定义碳减排总量 $E^j = 4 \times e_i^j D_i^j$。如图 4-3 所示，在大多数情况下，纳什博弈的减排总量最高；制造商权力较大的 M-lead 博弈减排总量最低。然而，当节税效应较高且竞争适中或投资成本较低时，以零售商为主导的序贯博弈的减排总量最大。这表明，在序贯博弈中，零售商作为供应链领导者时对环境更有利。M-lead 博弈在竞争激烈、减税效应低、投资成本低的情况下，减排总量最大。通过数值分析，当 $\{b=0.6, t=0.4, \lambda=7\}$ 时，存在 $\{e_i^M = 0.5607, e_i^R = 0.5904, E^M = 8.8043, E^R = 8.7145\}$。由于高订货量，即使企业社会责任水平较低 ($e_i^M < e_i^R$)，也会带来更显著的减排总量即 ($E^M > E^R$)。

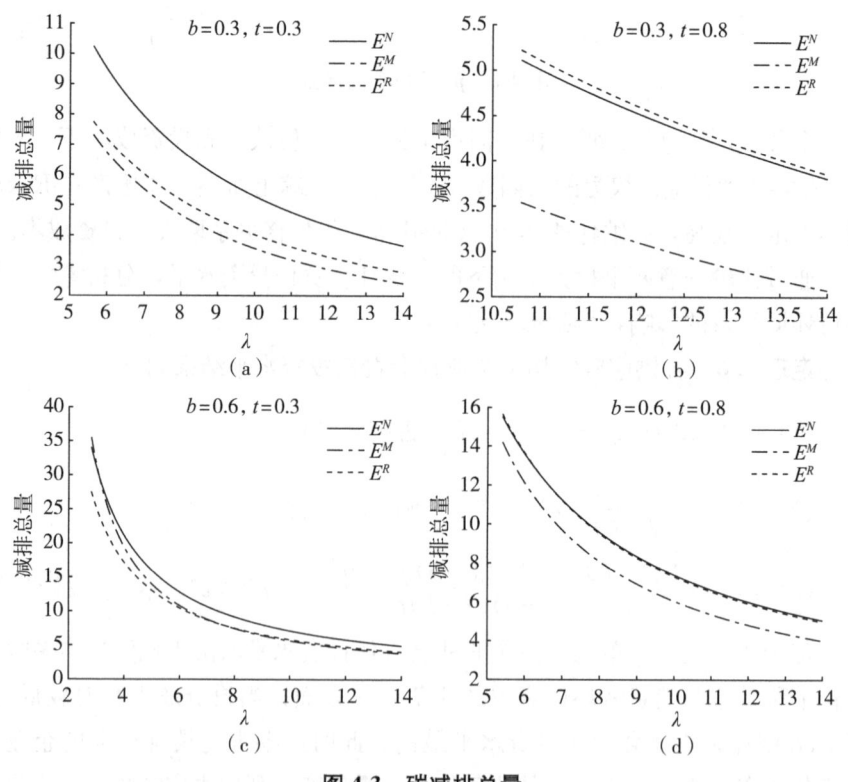

图 4-3 碳减排总量

通过数值分析进一步比较企业利润,研究供应链权力结构对经济绩效的影响。值得注意的是,比较结果受参数 λ、b 和 $\frac{t}{r}$ 的影响。不失一般性地,设定 $a=10$,$c=1$,$r=1$。为了研究投资成本系数、节税效应和竞争激烈程度的影响,本节在不同的 b 和 t 组合下改变 λ 值。这些设定满足了模型中的假设。零售商利润比较结果如下。

从图 4-4 可以看出,在大多数情况下,R-lead 博弈中零售商利润最高,M-lead 博弈中零售商利润最低。当投资成本较低且竞争激烈(b 较大)时,M-lead 博弈下的零售商利润大于纳什博弈($\Pi_{ri}^{M}>\Pi_{ri}^{N}$)。此外,如果节税效应 t 足够小,M-lead 博弈中的零售商利润甚至高于 R-lead 博弈($\Pi_{ri}^{M}>\Pi_{ri}^{R}$)。

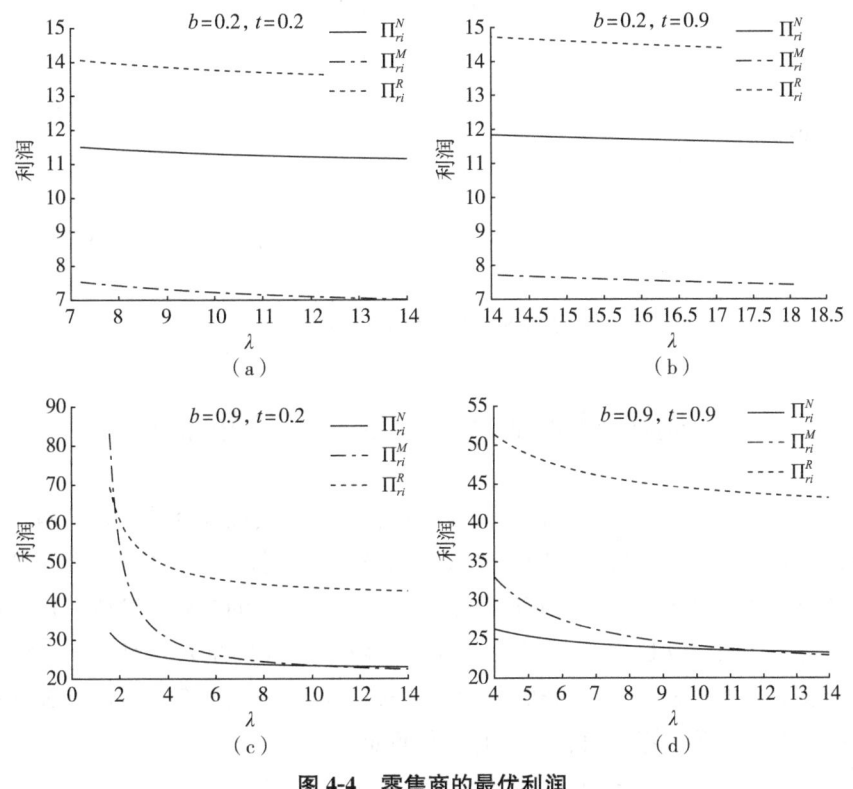

图 4-4 零售商的最优利润

接下来,比较不同供应链结构下的制造商利润。根据图 4-5,从制造商的角度来看,制造商利润是其供应链权力的增函数($\Pi_{m}^{M}>\Pi_{m}^{N}>\Pi_{m}^{R}$)。

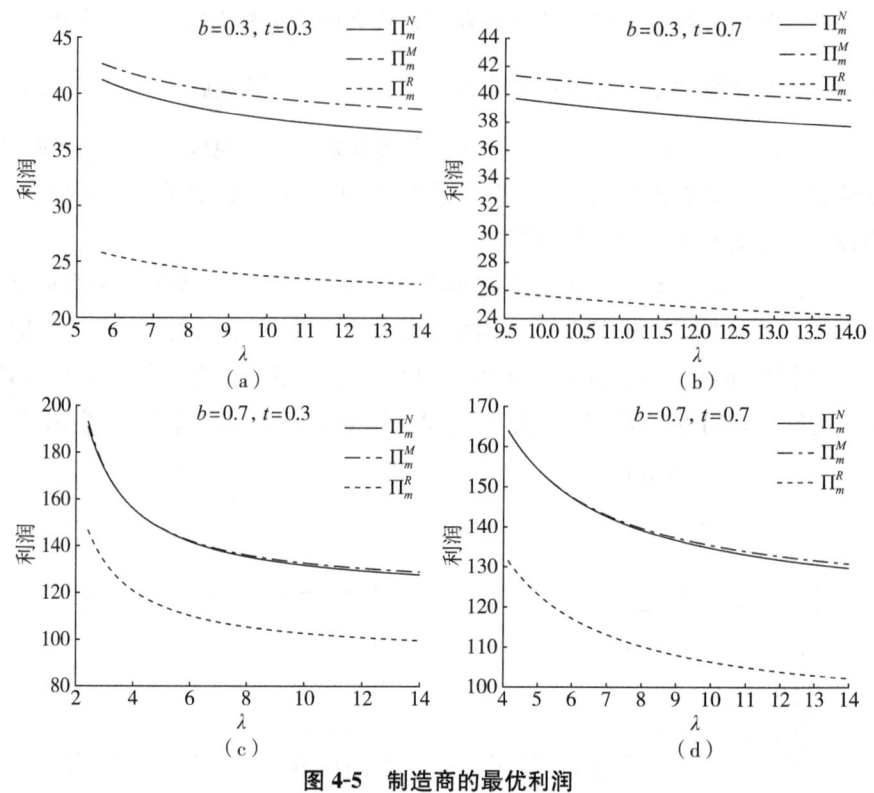

图 4-5 制造商的最优利润

三、单一零售商企业社会责任投资的拓展分析

本章已经研究了两个零售商同时进行企业社会责任投资的对称结构。在对称环境下,两个零售商会同时选择是否进行企业社会责任投资。接下来,将模型拓展至只有一个零售商进行企业社会责任投资的非对称结构。在非对称结构下,假设制造商可能对两个零售商收取不同的批发价格。$\hat{\pi}_{ri}$ 和 $\hat{\pi}_m$ 分别表示零售商和制造商的利润;不失一般性地,假设只有零售商 2 进行企业社会责任投资。零售商和制造商的利润如下:

$$\hat{\pi}_{r1}(m_1) = (p_1 - w_1)D_1 = m_1 D_1,$$

$$\hat{\pi}_{r2}(e_2, m_2) = (p_2 - w_2)D_2 - I(e_2) = m_2 D_2 - I(e_2),$$

$$\hat{\pi}_m(w_1, w_2) = (w_1 - c + te_2)D_1 + (w_2 - c + te_2)D_2,$$

其中,$D_1 = a - p_1 + bp_2 = a - (w_1 + m_1) + b(w_2 + m_2)$,$D_2 = a - p_2 + bp_1 + re_1 = a - (w_2 + m_2) + b(w_1 + m_1) + re_2$。通过数值分析,比较了对称

与非对称结构下的企业社会责任投资水平、减排总量和最优利润。

图 4-6 是企业社会责任投资水平与减排总量的比较结果。有趣的是，当制造商拥有更大的权力时，单个零售商进行企业社会责任投资的单位减排量高于两个零售商同时进行企业社会责任投资的对称结构。然而，两个零售商同时进行企业社会责任投资时的减排总量更大，对环境更有利。这个观察结果与直觉相一致。

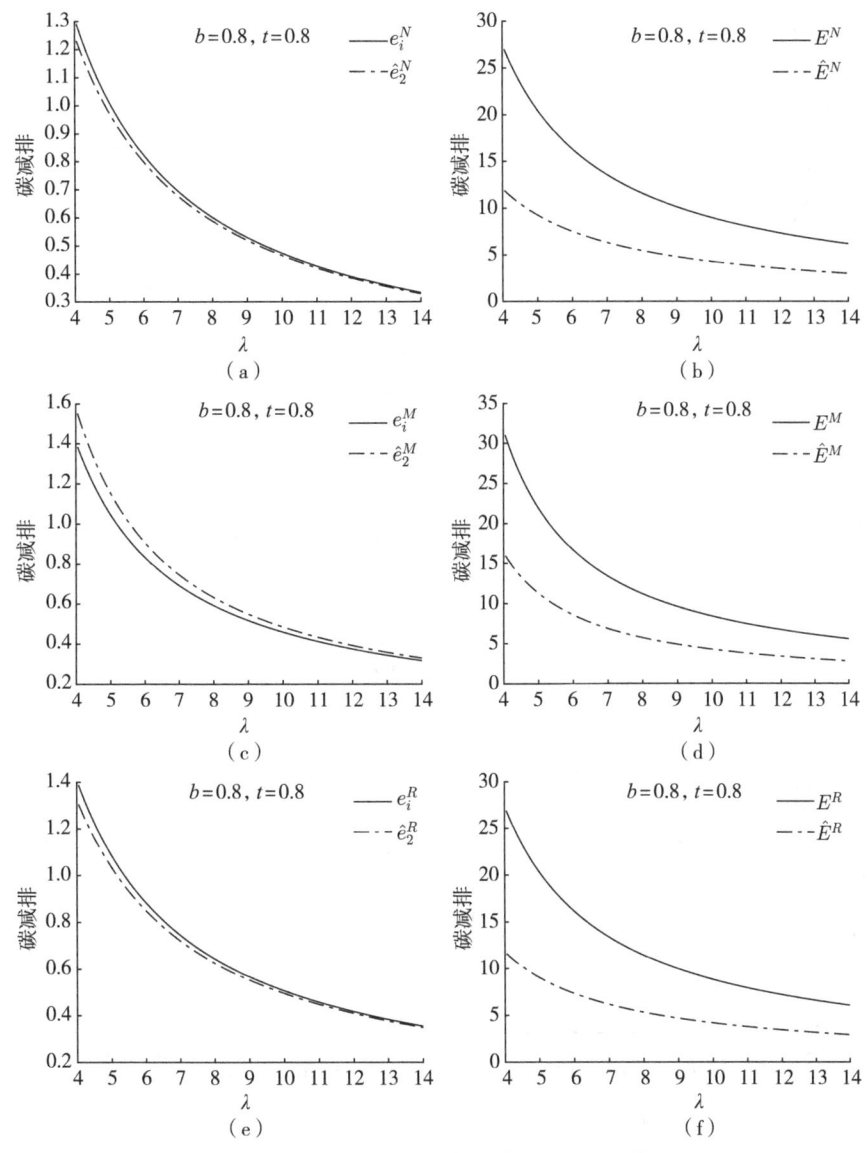

图 4-6　对称/非对称投资情况下的单位/总碳减排

图 4-7 是对称投资、非对称投资和不投资情况下零售商和制造商利润的比较结果。从制造商的角度,当进行企业社会责任投资的零售商的数量增加时,制造商的利润随之增加。从零售商的角度,比较结果较为复杂。在纳什博弈和 R-lead 博弈中,非对称结构下,搭便车的零售商可以从竞争对手的企业社会责任投资中获利,但竞争对手的企业社会责任投资收益大于搭便车

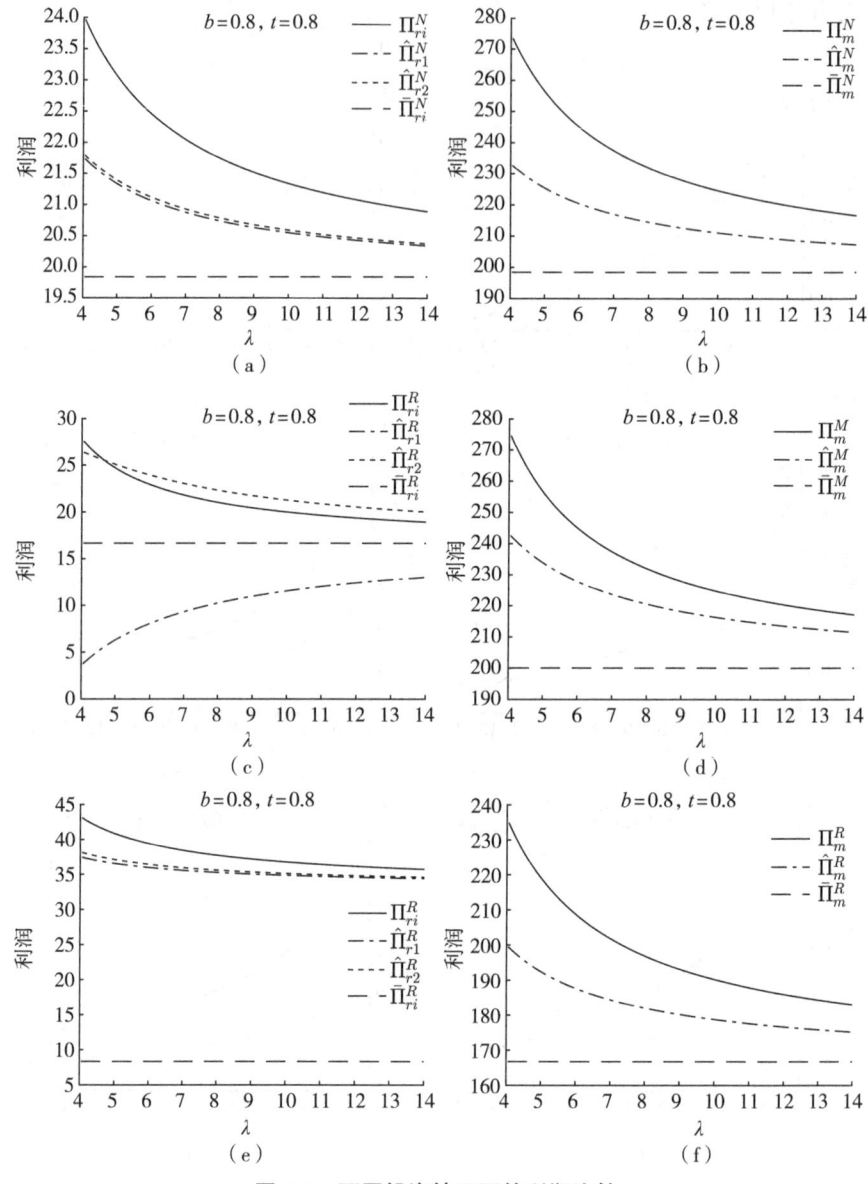

图 4-7 不同投资情况下的利润比较

的零售商。因此，由于两个零售商同时进行企业社会责任投资的利润更高，搭便车的零售商有动机进行企业社会责任投资。然而，当他们处于投资成本高的 M-lead 博弈时，搭便车零售商的利润会因竞争对手的企业社会责任投资受到损害（即 $\bar{\Pi}_{ri}^M > \hat{\Pi}_{ri}^M$）。在这种情况下，搭便车零售商更有动力加入企业社会责任投资项目。

上述分析结果表明，无论哪个供应链成员拥有更大的权力，制造商和竞争的零售商都会因企业社会责任投资而受益。它进一步解释了零售商进行企业社会责任投资的动机，也解释了为什么像玛莎百货这样的零售商愿意对其制造商进行企业社会责任投资。一方面，权力大的零售商可以从企业社会责任投资中获得更多的利润；另一方面，在竞争激烈的情况下，小型零售商的利润也会提高。此外，为了避免利润损失，两个权力较小的零售商更倾向于同时进行企业社会责任投资。

第五节　本章小结

本章研究了两个竞争零售商的企业社会责任投资问题，考虑了 3 种不同的供应链权力结构：制造商和零售商权力相同、制造商权力更大和两个零售商权力更大。将这 3 种情形通过纳什博弈、M-lead 斯坦伯格博弈和 R-lead 斯坦伯格博弈进行建模。在求解各博弈的均衡解后，分析了最优决策关于投资成本系数的单调性。结果表明，无论权力结构如何，当投资效率降低时，零售商企业社会责任投资总是减少。而批发价格和零售价格决策受权力结构、单位节税效应和消费者环保意识等因素的影响。以无投资情况为基准，本章指出，虽然企业社会责任投资对批发价格和零售价格的影响更为复杂，但制造商和零售商进行企业社会责任投资的激励来自于利润的提高。即使是供应链中的追随者，两个零售商也总是有动机为了提高利润而同时对制造商进行企业社会责任投资。

本章还研究了零售商权力对最优决策和相关绩效的影响。从环境角度来看，当企业社会责任投资成本较低时，零售商作为供应链跟随者时投资最多；当投资成本较高且消费者环保意识的激励主导了节税效应时，企业社会责任投资水平是零售商权力的增函数。此外，在大多数情况下，同时决策纳什博弈的减排总量最为显著。

本章还考虑了只有一个零售商进行企业社会责任投资的非对称结构。对比结果表明，尽管在大多数情况下搭便车零售商能从竞争对手的企业社会责任投资中获利，但当零售商的权力较弱时，搭便车零售商的利润会受损。此外，搭便车零售商总是有动机为提高利润进行企业社会责任投资。

　　本章是研究竞争零售商在不同权力结构下进行企业社会责任投资决策的早期探索，但仍存在一些局限性。在技术方面，本章没有得到制造商权力越大、批发价越高的分析结果。类似的限制也出现在对零售价格的分析中。相反，本章通过数值分析的方式展示了一个粗略但合理的结果。在管理启示方面，受模型中供应链结构的限制，本章的结论只适用于零售商在竞争中对称的情况。然而在真实的供应链中，竞争零售商和制造商之间的关系更加复杂。本章只给出了特定情况下零售商企业社会责任投资的激励机制。因此，本章存在一些潜在的未来研究方向：首先，模型中的需求是确定性的，因此，研究随机需求模型是未来研究的方向之一；其次，不同契约下的供应链协调与零售商的企业社会责任投资和竞争问题也值得进一步的探讨；再次，可以将制造商的企业社会责任投资决策纳入研究；最后，还可以研究不同制造商在更复杂的环境下（如链与链竞争）生产多种类型的可持续产品的情况。

第三篇
供应链竞争环境下的企业社会责任投资研究

本篇主要研究供应链竞争环境下的企业社会责任投资策略。该篇前半部分基于论文 *Impacts of competition between buying firms on corporate social responsibility efforts: Does competition do more harm than good?* 的研究成果，考虑两个竞争制造商和共有供应商的社会责任投资决策。其中，竞争制造商的社会责任投资是替代的，而供应商和制造商的社会责任投资是互补的。竞争制造商通过企业社会责任投资做出最优的防御策略和市场进入策略。研究比较了垄断情境与双头垄断情形下供应链整体的社会责任投资水平及制造商竞争强度的影响。

后半部分基于论文 *Who should invest in clean technologies in a supply chain with competition?* 的研究成果，考虑两个竞争零售商和制造商的社会责任投资决策，更加全面地考虑了3种投资情境，即投资分别由制造商、零售商双方或仅由一个零售商进行。从环境角度和经济角度分别研究供应链成员的社会责任投资动机。此外，进一步考虑了供应链竞争对供应链成员的社会责任投资决策的影响。

第五章 制造商竞争环境下供应链企业社会责任投资策略与运营决策研究

第一节 引 言

在过去的 10 年里，在供应链上控制企业社会责任（CSR）问题已经成为商业实践的重点，特别是在新兴市场，即发展中国家，如中国和印度（Tang，2018；Tong et al.，2018；Choi et al.，2019）。违反企业社会责任的行为主要发生在供应商运营中，这些供应商集中在发展中国家和新兴经济体（Kalkanci et al.，2020；Locke，2013）。这些供应商面临来自大众媒体和非政府组织（如绿色和平组织）的强大压力，要求供应商在防止企业社会责任违规方面做出努力，但结果并没有达到预期。一方面，企业社会责任的投资成本较高，供应商可能会偷工减料，特别是新兴市场的供应商，公众可能无法发现其违规行为。由于劳动力成本的提高和有限的利润空间，亚洲的 H&M、Zara 和 Gap 服装供应链的企业社会责任违规行为，如性别暴力、剥削和不公平等被非政府组织多次报道。另一方面，大多数供应商不像零售商那样重视信誉（Lee et al.，2009）。Plambeck 等（2016）提出，当供应商的不道德行为（如虐待工人和破坏环境）被公众曝光时，相关供应链成员也会受到损害，特别是直接面对市场的零售商。例如，2010 年，媒体报道台湾电子产品代工制造商富士康（Foxconn）员工工作条件危险且压抑，引发了一系列自杀事件。这一丑闻持续了几年，严重影响了富士康的下游买家，如苹果、戴尔、惠普和索尼（Barboza，2010；Guo et al.，2016）。华药国际（NCPC International）是葛兰素史克（GSK）和辉瑞（Pfizer）在新兴市场的中国供应商，由于华药国际被指控向环境排放制药废水，葛兰素史克和辉瑞的声誉也严重受损（Sum of US，2015）。因此，来自非政府组织和媒体的社会责任压力转移到了下游零售商，促使他们通过审计或直接投资社会责任发展项目参与上游供应商的社会责任（Plambeck et al., 2016; Shi et al., 2020; Apple, 2018; Marks & Spencer, 2019）。

除了声誉受损和相关违规行为造成的重大经济损失外，制造商参与供应商企业社会责任的另一个激励因素是消费者的企业社会责任意识。早期的实证文献表明，消费者在做出购买决策时越来越多地考虑企业社会责任活动（Creyer et al., 1997; Baron, 2001; Servaes et al., 2013）。现有文献表明，消费者愿意为带有社会责任声明的企业产品支付更高的价格。虽然这些消费者不一定会支付溢价，但他们更有可能从上述 CSR 企业购买商品。为了吸引具有企业社会责任意识的消费者，制造商参与供应商企业社会责任本质上是一种受自身利益驱动的利润最大化策略。在这种情况下，企业社会责任投资具有产品属性，是一种战略投资。许多零售商在年度报告和企业网站上披露企业的社会责任活动（Apple, 2018; H&M Group, 2018; Marks & Spencer, 2019）。特别是当产品处于生命周期的成熟阶段，制造商可以通过披露企业社会责任与竞争对手区分开来，抢占市场份额（He et al., 2016; Shi et al., 2019）。新进入的制造商可以通过投资共有供应商的企业社会责任项目进入市场。

虽然制造商参与共有供应商的企业社会责任投资屡见不鲜，但其效果仍不明确。过于激进的企业社会责任战略导致的失败案例是不可忽视的。例如，以社会责任项目"Plan A"闻名的零售巨头玛莎百货（M&S），在进入中国大陆市场时，坚持溢价政策，没有任何促销推广活动。8 年后，玛莎百货只得退出中国市场，并承认这一进入策略的失败。其他零售业巨头，如 Gap 和 Arcadia，也面临着类似的困境。有趣的是，一些服装零售企业，如优衣库，没有披露其参与供应商 CSR 项目，而其他企业，如 H&M 和 Urban Outfitters 则强调他们的审计和负责任的采购活动（H&M Group, 2018）。

基于上述实践观察，本章研究在考虑新兴市场下游竞争的情况下，企业社会责任投资在企业战略中的作用。我们建立供应链分析模型来探讨以下主要研究问题：

①考虑消费者具有企业社会责任意识的市场上，现有制造商对新进入者的应对策略。

②为了从垄断制造商夺取消费者和市场，新进入制造商的企业社会责任投资策略。

③制造商竞争对供应链企业社会责任投资的影响。

④竞争强度和检测效率对企业社会责任违规行为的影响。

为了回答上述研究问题，本章建立了一个由一个供应商和两个制造商组成的两级供应链的博弈论模型。现有制造商（制造商1）面对的是成熟的市场、稳定的零售价格和具有社会责任意识的消费者。一个新进入者（制造商2），拥有潜在的忠实消费者，从同一供应商处订货，利用CSR投资作为市场进入策略，与制造商1竞争，吸引无明显偏好的转换消费者。两个制造商的CSR投资相互替代，但与供应商的CSR投资互补。

本章探讨供应链中制造商竞争对企业社会责任投资决策的影响，进一步补充现有文献。面对减少违规行为带来的需求增加、损失规避和企业社会责任投资成本之间的权衡，制造商最终会采取两种极端策略。制造商1可能采取积极的应对策略，通过提高CSR投资水平抵御进入者（激进策略）。因此，新进入者被迫放弃CSR投资，并从供应商减少的社会责任违规中搭便车。另一个极端，制造商1对竞争采取温和策略，不干涉新进入者的社会责任参与（温和策略）。在此策略下，制造商1将CSR投资水平降至零。根据公众的企业社会责任违规行为的检测效率和损失调整投资成本（损失调整投资成本是企业社会责任投资成本与供应商违规行为造成的损失之间的比值），垄断和双头垄断情境下都存在零投资策略。本章发现，制造商2会在销售利润足够大时进入市场。当违规造成的损失和供应商的损失调整投资成本降低时，该条件更容易满足。

在获得制造商最优防御策略和市场进入策略后，本章聚焦于新兴市场供应链企业社会责任投资的引发因素和每个供应链成员的企业社会责任投资水平。本章发现，制造商竞争对企业社会责任投资的影响，弊大于利。具体来说，与垄断情境相比，当两个制造商在CSR投资水平竞争时，供应链整体的社会责任投资变得更少。企业社会责任投资水平在垄断情境下是最高的，其次是激进策略（如果有的话），然后是温和策略（如果有的话）。但是，在一定条件下，制造商2进入市场时，供应商的CSR投资水平可能会更高或更低。此外，上述企业社会责任投资差额随着竞争强度的增加而减少。消费者、政府和非政府组织等外部利益相关者的检测效率可以监督和激励供应链企业履行社会责任，增加新进入者承担企业社会责任的动机。

本章的剩余部分组织如下：第二节介绍了垄断和双头垄断情境下的模型；第三节确定了供应链成员进行CSR投资的充分必要条件，分别推导了垄断和双头垄断情境下制造商和供应商企业社会责任投资决策的均衡结果；第四节推导了制造商的最佳防御策略和市场进入策略及相关条件；第五节讨论了制造商竞争和策略偏好对企业社会责任相关问题的影响；第六节总结研究结论，提出未来研究方向。

第二节　模型框架

考虑一个由供应商（S）和制造商（制造商1）组成的两级供应链。在垄断市场中，制造商1以单位价格 p_1 向具有企业社会责任意识的消费者销售产品，消费者的购买决策受制造商对供应商企业社会责任投资的影响。在行业实践中，企业社会责任投资通常指审计、联合制定供应商行为准则和直接投资上游企业社会责任发展项目等（Apple，2018；H&M Group，2018；Marks & Spencer，2019）。假设成熟期产品的零售价格是外生的，相对稳定。考虑一个潜在的竞争对手（制造商2），通过披露和宣传其对上游供应商的 CSR 投资，如实施供应商道德规范，来获取和侵蚀市场份额。基于行业观察，企业通常利用广告使消费者更加了解企业的社会责任活动，并使企业社会责任投资受到消费者的重视（Servaes et al.，2013）。制造商1和制造商2有相同的供应商。制造商1和制造商2分别决策企业社会责任投资水平，分别表示为 x_1 和 x_2，成本系数分别为 k_1 和 k_2，制造商通过披露企业社会责任报告来增加需求。

市场特征如图 5-1 所示。参考 Xu 等（2010）的研究，将最终产品市场定义为一条直线，沿着这条直线，制造商1和制造商2之间的距离为 F，位置对称且外生给定。制造商之间的距离（F），表示制造商1和制造商2之间的替代程度。两个制造商的替代程度和位置是由品牌、市场定位和消费者对产品的长期感知等因素确定的。

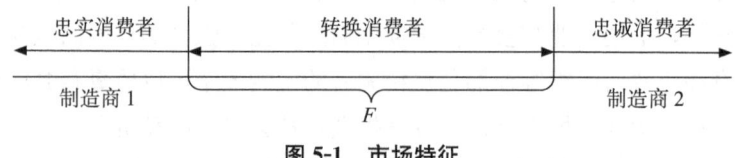

图 5-1　市场特征

消费者沿市场均匀分布且分为 3 类：制造商1和制造商2的忠实消费者

及转换消费者。每类消费者的市场规模标准化为1。第一类消费者位于制造商1左侧，对制造商1的客户粘性较强，不会转换到制造商2。第二类消费者位于制造商2右侧，是制造商2的潜在忠实消费者，期待制造商2进入市场且只有在制造商2进入市场后才出现。如果两个制造商同时存在于市场，位于两个制造商之间的是转换消费者，他们基于效用函数做出渠道选择和购买决策。若制造商2不进入市场，则转换消费者成为制造商1的忠实消费者，制造商2的忠实消费者离开市场。

假设V表示消费者对产品的初始估值。为了刻画消费者的社会责任意识，本章认为制造商i的社会责任投资水平x_i对消费者有额外的效用。然而，消费者与最终产品之间有一定距离，假设t_i表示忠实消费者向制造商i购买产品的旅行成本，刻画忠实消费者与制造商i提供的最终产品之间的距离。如果忠实消费者的效用大于零，则会选择向制造商i购买，即$u_i = V - p_i + x_i - t_i > 0$。处于购买决策无差别点的忠实消费者，与制造商$i$的距离是$V - p_i + x_i$，即忠实消费者对制造商$i$的需求是$V - p_i + x_i$。当制造商2不进入市场时，制造商1的总需求是$2(V - p_1 + x_1)$。

当制造商2进入市场，转换消费者可以选择从制造商2处购买。因此，制造商1和制造商2用CSR投资争夺转换消费者。转换消费者与制造商1的距离是$t_s < F$（或与制造商2的距离是$F - t_s$）。转换消费者从制造商1处购买的效用为$u_{s,1} = V - p_1 + x_1 - \theta x_2 - t_s$，从制造商2处购买的效用为$u_{s,2} = V - p_2 + x_2 - \theta x_1 - (F - t_s)$，其中，$\theta \in [0, 1]$，表示两个制造商CSR投资的竞争系数。由于制造商可以在年度报告和企业网站上专门披露CSR活动投资，消费者能够获取制造商社会责任参与的信息。因此，本章假设θ是外生的。位于对两个制造商渠道选择无差别点的转换消费者与制造商1的距离是

$$\frac{(1+\theta)(x_1 - x_2) - p_1 + p_2 + F}{2},$$

因此转换消费者关于制造商1的需求是

$$\frac{(1+\theta)(x_1 - x_2) - p_1 + p_2 + F}{2},$$

关于制造商2的需求是

$$\frac{(1+\theta)(x_2 - x_1) - p_2 + p_1 + F}{2}。$$

面对潜在竞争对手的进入，制造商 1 可以利用企业社会责任投资水平 x_1 提高进入壁垒。制造商 2 决定是否进入市场，决策对上游企业社会责任问题的投资水平。考虑垄断和双头垄断两种情形，分别以制造商 2 的市场进入状态来区分。在垄断和双头垄断情形下，两个制造商的需求分别如下：

$$D_1=\begin{cases}2(V-p_1+x_1), & 垄断情形,\\ V-p_1+x_1+\dfrac{(1+\theta)(x_1-x_2)-p_1+p_2+F}{2}, & 双头垄断情形,\end{cases} \quad (5-1)$$

$$D_2=\begin{cases}0, & 垄断情形,\\ V-p_2+x_2+\dfrac{(1+\theta)(x_2-x_1)-p_2+p_1+F}{2}, & 双头垄断情形。\end{cases}$$

$$(5-2)$$

上游供应商面临着责任风险，是供应商因违反社会和环境责任被曝光造成的损失。责任风险和丑闻与质量问题、不安全的生产和工作条件、非法和强迫劳动，以及其他行业事故等相关（Plambeck et al., 2016；Huang et al., 2022）。为了减少违反社会和环境责任的风险，供应商在 CSR 项目的投资水平为 x_s，投资成本系数是 k_s。

本章假设两个制造商都比上游供应商实力更强。参考下游零售巨头苹果、耐克和玛莎百货，在新兴市场中，这些企业比供应商更强大。双头垄断情形下供应链决策顺序分为 3 个阶段：制造商 1 的防御策略制定阶段、制造商 2 的市场进入策略制定阶段和供应商企业社会责任投资水平决策阶段。

制造商 1 的防御策略制定阶段：制造商 1 在观察到潜在竞争对手后，首先确定企业社会责任投资水平（x_1）作为影响竞争对手决策和实现自身预期利润最大化的防御策略。

制造商 2 的市场进入策略制定阶段：在观察到制造商 1 的社会责任投资水平（x_1）后，制造商 2 决策自己的社会责任投资水平 x_2，最大化期望利润。制造商 2 可能选择不进入市场，此时双头垄断情形退化到垄断情形。

供应商企业社会责任投资水平决策阶段：最后，在观察到 x_1 和 x_2（如果有的话），供应商决定自己的 CSR 投资水平 x_s。

垄断情形下的决策顺序类似，制造商 1 首先决定 CSR 投资水平（x_1），然后供应商观察到 x_1 后决策自身的 CSR 投资水平 x_s。

参考 Lee 等（2018）和 Huang 等（2017），定义 $x \triangleq x_s(x_1+x_2)$ 表示供应链整体的 CSR 投资。具体地说，两个竞争制造商的投资是相互替代的，供应商的投资和任何一个制造商的投资是互补的。例如，两个制造商加大对共同供应商的企业社会责任问题的审计或财务支持，供应商和供应链在任何一个制造商的无差别监督和支持下，企业社会责任项目会变得更加高效。

在供应链整体的 CSR 投资影响下，供应商违反企业社会责任的概率是 $\alpha(x) = e^{-x}$，违规行为被公众发现的概率为 $\gamma(x) = \beta\alpha(x)$，其中 $\beta \in [0, 1]$ 是供应商的违规行为被消费者、政府或非政府组织等监管机构披露的概率（Huang et al., 2017）。相应地，未因违规而受到处罚的概率为 $1 - \gamma(x)$。为了简化表示，将 $\gamma(x)$、$\alpha(x)$、β 分别命名为 CSR 违规的不合格率、违规概率和检测效率。

根据 Plambeck 和 Taylor（2016），当公众检测到 CSR 违规行为时，每个供应链成员都会遭受损失 a_j，其中 $j = s, 1, 2$。该损失可以是品牌形象损害、股票价格下降和用来恢复消费者忠诚度的广告成本。此外，本章关注标准批发价格合同，并假设供应商向两个买家收取相同的批发价格 w。产品单位生产成本是 c，CSR 投资的单位成本是 k_i，其中 $i = s, 1, 2$。

垄断情形下供应商和制造商 1 的利润函数，分别如下所示：

供应商的利润函数：
$$\pi_s^M(x_s, x_1) = (w - c)D_1 - k_s x_s - a_s \gamma(x) \text{。} \quad (5-3)$$

制造商 1 的利润函数：
$$\pi_1^M(x_s, x_1) = (p_1 - w)D_1 - k_1 x_1 - a_1 \gamma(x) \text{。} \quad (5-4)$$

为了简化表示，定义垄断情形下制造商 1 企业社会责任投资的额外边际贡献 $m_1^M \triangleq \dfrac{\partial[(p_1 - w)D_1]}{\partial x_1} = 2(p_1 - w)$，指制造商 1 通过提高企业社会责任投资，需求和销售增加而获得的边际利润。此时，供应链整体的 CSR 投资水平是 $x = x_s x_1$。

双头垄断情形下，供应商、制造商 1 和制造商 2 的利润函数分别如下：

供应商的利润函数：
$$\pi_s^D(x_s, x_1, x_2) = (w - c)(D_1 + D_2) - k_s x_s - a_s \gamma(x) \text{。} \quad (5-5)$$

制造商 1 的利润函数：
$$\pi_1^D(x_s, x_1, x_2) = (p_1 - w)D_1 - k_1 x_1 - a_1 \gamma(x) \text{。} \quad (5-6)$$

制造商 2 的利润函数：
$$\pi_2^D(x_s, x_1, x_2) = (p_2 - w)D_2 - k_2 x_2 - a_2 \gamma(x) \text{。} \quad (5-7)$$

双头垄断情形下，$m_i^D = \dfrac{\partial[(p_i - w)D_i]}{\partial x_i} = (p_i - w)(3 + \theta)/2$。为了避免

琐碎的结果,假设企业社会责任的投资成本足够大,即 $k_i > m_i^D$。

本章首先推导垄断情形下的最优结果作为基准,然后对双头垄断情形进行分析。在比较两种情形的最优决策后,分析制造商竞争对企业社会责任参与投资的影响及启示。

第三节 供应链企业社会责任投资与运营联合决策分析

一、垄断情形分析

供应链的每个成员决定垄断情形下的最优 CSR 投资水平。根据决策顺序,逆向求解。供应商利润关于 x_s 的一阶导是 $\dfrac{\partial \pi_s^M(x_s, x_1)}{\partial x_s} = \beta a_s x_1 e^{-x_s x_1} - k_s$。利润是关于 x_s 的凹函数。令一阶导 $\dfrac{\pi_s^M(x_s, x_1)}{x_s} = 0$,得到供应商的最优 CSR 投资水平 $x_s^M(x_1) = \dfrac{1}{x_1}\ln\left(\dfrac{a_s \beta x_1}{k_s}\right)$,当且仅当 $x_1 > \dfrac{k_s}{a_s \beta}$ 时,$x_s^M(x_1) > 0$。换句话说,给定制造商 1 的企业社会责任投资水平 x_1,供应商的最优社会责任投资水平可以表示为:

$$x_s^M(x_1) = \begin{cases} \dfrac{1}{x_1}\ln\left(\dfrac{a_s \beta x_1}{k_s}\right), & x_1 > \dfrac{k_s}{a_s \beta}, \\ 0, & x_1 < \dfrac{k_s}{a_s \beta}. \end{cases} \quad (5-8)$$

上式表明制造商 1 的社会责任投资水平会影响供应商的社会责任投资。具体来说,当制造商 1 的 CSR 投资水平相对较低时 ($x_1 < \dfrac{k_s}{a_s \beta}$),供应商会利用监管的缺失,在 CSR 上零投资 ($x_s^M(x_1) = 0$)。例如,当制造商在审计上的投入不足时,供应商会为了节省成本而做出不负责任的投机行为。由于供应商与制造商的 CSR 投资程度是互补的,这表明从供应链的角度来看,$x = x_s^M(x_1)x_1 = 0$。相应地,如果制造商 1 选择一个相对较低的 CSR 投资水平,即 $x_1 < \dfrac{k_s}{a_s \beta}$,他会直接放弃企业社会责任投资令 $x_1 = 0$,从而以更低的

成本达到相同的供应链社会责任投资水平 x。将这种情况定义为零投资策略。因此，公众有很大概率（β）发现供应商的违规行为。另一方面，为了引导供应链企业进行社会责任投资，制造商 1 必须投入足够高的 CSR 努力（$x_1 > \dfrac{k_s}{a_s \beta}$）。

为了便于表述，使用上标"R｜M"和"N｜M"表示垄断情形下两种投资策略的供应链整体 CSR 投资水平，即 $x^{R|M} > 0$ 和 $x^{N|M} = 0$。分别对这两种投资策略进行分析，得到如下引理：

引理 5.1 垄断情形下，给定供应商的最优响应函数，存在阈值 $\tilde{\beta}^M = \sqrt{\dfrac{k_s(k_1 - m_1^M)}{a_1 a_s}}$ 使局部最优 CSR 投资水平如下：

①若 $\beta > \tilde{\beta}^M$，$x_1^{R|M} = \sqrt{\dfrac{a_1 k_s}{a_s(k_1 - m_1^M)}}$

且

$$x_s^{R|M} = \sqrt{\dfrac{a_s(k_1 - m_1^M)}{a_1 k_s}} \ln\left(\beta \sqrt{\dfrac{a_1 a_s}{k_s(k_1 - m_1^M)}}\right).$$

相应的违规概率和不合格率分别为 $\alpha^{R|M} = \tilde{\beta}^M / \beta$ 和 $\gamma^{R|M} = \tilde{\beta}^M$。

②若 $\beta < \tilde{\beta}^M$，$x_1^{N|M} = x_s^{N|M} = 0$。相应的违规概率和不合格率分别为 $\alpha^{N|M} = 1$ 和 $\gamma^{N|M} = \beta$。

引理 5.1 说明垄断情形下制造商 1 的社会责任投资水平的局部最优值。若 $\beta > \tilde{\beta}^M$，制造商 1 和供应商的 CSR 投资水平的局部最优值大于零，意味着当检测效率足够高时，两家企业的 CSR 投资均非零，使供应链的社会和环境责任水平更高。若 $\beta < \tilde{\beta}^M$，制造商 1 和供应商的企业社会责任投资水平的局部最优值是零，说明供应链上的企业都没有动机进行企业社会责任投资。

二、双头垄断情形分析

根据决策顺序，逆向推导供应链各成员的最优企业社会责任投资水平。给定制造商的企业社会责任投资水平 x_1 和 x_2，使式（5-5）最大，可以很容易地得到供应商的最优企业社会责任投资水平 $x_s^D(x_1, x_2)$：

$$x_s^D(x_1, x_2) = \begin{cases} \dfrac{1}{x_1+x_2}\ln\left[\dfrac{a_s\beta(x_1+x_2)}{k_s}\right], & x_1+x_2 > \dfrac{k_s}{a_s\beta}, \\ 0, & x_1+x_2 < \dfrac{k_s}{a_s\beta}. \end{cases} \quad (5-9)$$

如式（5—9）所示，制造商 1 和制造商 2 的企业社会责任总投资水平会影响共同供应商的企业社会责任投资水平。当制造商 1 和制造商 2 的企业社会责任总投资水平不足为供应商的投资水平带来正向激励时，即 $x_1+x_2<\dfrac{k_s}{a_s\beta}$，供应商不承担社会责任，即：$x=x_s(x_1+x_2)=0$，因此，如果制造商 1 和制造商 2 选择的 x_1 和 x_2 满足 $x_1+x_2<\dfrac{k_s}{a_s\beta}$，他们应该直接令 $x_1=x_2=0$ 而不进行企业社会责任投资，此时制造商将以更低的成本达到相同的供应链企业社会责任投资水平。将其定义为双头垄断情形下的零投资策略。

接下来，为了使利润最大化，制造商 2 基于制造商 1 的行动决策最优企业社会责任投资水平。首先将供应商的企业社会责任投资决策代入制造商 2 的利润方程（5—7）中。然后，给定制造商 1 的企业社会责任投资水平 x_1，使式（5—7）最大化，即可得到制造商 2 的最优企业社会责任投资水平 $x_2^D(x_1)$：

$$x_2^D(x_1) = \begin{cases} \sqrt{\dfrac{a_2 k_s}{a_s(k_2-m_2^D)}}-x_1, & x_1 < \sqrt{\dfrac{a_2 k_s}{a_s(k_2-m_2^D)}}, \\ 0, & x_1 > \sqrt{\dfrac{a_2 k_s}{a_s(k_2-m_2^D)}}. \end{cases} \quad (5-10)$$

如式（5—10）所示，我们发现，当制造商 1 设置了相对较低的企业社会责任投资水平时，即 $x_1<\sqrt{\dfrac{a_2 k_s}{a_s(k_2-m_2^D)}}$，其在策略上采取"温和"的竞争态度，让竞争对手提高企业社会责任投资水平，以获取更多的转换消费者，即 $x_2^D>0$。在这种情况下，不论 x_1 多小，制造商的企业社会责任总投资等于 $\sqrt{\dfrac{a_2 k_s}{a_s(k_2-m_2^D)}}$。因为额外的边际贡献小于企业社会责任的投资成本，即 $m_i^D<k_i$，在温和策略下，制造商 1 会降低企业社会责任投资水平使得 $x_1^D=0$。从供应链的角度来看，它将以更低的成本实现相同的企业社会责任投资水平。另一方面，如果制造商 1 设置了足够高的企业社会责任投资水

平，即 $x_1 > \sqrt{\dfrac{a_2 k_s}{a_s(k_2-m_2^D)}}$，这种"激进"的行动会迫使制造商 2 放弃参与承担企业社会责任，即 $x_2^D = 0$。即式（5—10）显示，当制造商 1 采取"温和"策略来防御竞争对手时，通过设置 $x_1^D = 0$ 更少地承担社会责任。当制造商 1 采取"激进"策略来防御竞争对手的行动时，会承担更多的社会责任。这个初步观察结果很有趣。从式（5—9）中可以看出，在零投资的情形下，供应链不承担社会责任，即 $x=0$。为了便于展示，我们分别使用上标"$A \mid D$"、"$M \mid D$"和"$N \mid D$"代表制造商 1 在双头垄断情况下的激进策略、温和策略和零投资策略情形。

在此基础上，分析了各策略下企业社会责任投资水平的局部最优，并通过比较确定了企业社会责任投资水平的全局最优和策略偏好。首先，我们讨论制造商 1 的温和策略，在这个策略下，制造商 1 促使制造商 2 和供应商承担所有社会责任。

引理 5.2 在制造商 1 的温和策略下，给定供应商的最优响应，对于局部最优的企业社会责任投资水平，存在一个阈值 $\tilde{\beta}_2^D = \sqrt{\dfrac{k_s(k_2-m_2^D)}{a_2 a_s}}$，即：

① 当 $\beta > \tilde{\beta}_2^D$，$x_1^{M\mid D} = 0$，$x_2^{M\mid D} = \sqrt{\dfrac{a_2 k_s}{a_s(k_2-m_2^D)}}$，$x_s^{M\mid D} = \sqrt{\dfrac{a_s(k_2-m_2^D)}{a_2 k_s}} \ln\left(\beta \sqrt{\dfrac{a_2 a_s}{k_s(k_2-m_2^D)}}\right)$，相对应的违规概率和不合格率分别为 $\alpha^{M\mid D} = \tilde{\beta}_2^D/\beta$，$\gamma^{M\mid D} = \tilde{\beta}_2^D$。

② 当 $\beta < \tilde{\beta}_2^D$，此时为零投资策略，即 $x_1^{N\mid D} = x_2^{N\mid D} = x_s^{N\mid D} = 0$，相对应的违规概率和不合格率分别为 $\alpha^{N\mid D} = 1$，$\gamma^{N\mid D} = \beta$。

引理 5.2 中的 $\beta > \tilde{\beta}_2^D$ 条件确保制造商 2 和供应商都有动机进行企业社会责任投资。一旦条件改变，温和策略就会变为零投资策略。该条件也表明，当检测效率（β）足够高，制造商 2 和供应商的损失调整投资成本 $(k_i - m_i^D)/a_i$，其中 $i=2, s$ 较低时，供应链整体的社会责任投资水平大于 0。损失调整后的投资成本衡量了企业社会责任投资成本与违规行为造成的损失之间的比值（Huang et al.，2017）。均衡的违规概率和不合格率都随着制造商 2 和供应商的损失调整投资成本增加：当企业社会责任投资成本更高或企业在违规时遭受的损失更小时，供应链的企业社会责任投资更少。

接着，引理 5.3 分析了制造商 1 激进策略下企业社会责任投资的局部最优。

引理 5.3 在制造商 1 的激进策略下，给定供应商的最优响应及
$$(k_1-m_1^D)/a_1<(k_2-m_2^D)/a_2,$$
对于局部最优的企业社会责任投资水平，存在一个阈值 $\tilde{\beta}_1^D=\sqrt{\dfrac{k_s(k_1-m_1^D)}{a_1 a_s}}$，即：

①当 $\beta>\tilde{\beta}_1^D$，$x_1^{A|D}=\sqrt{\dfrac{a_1 k_s}{a_s(k_1-m_1^D)}}$，$x_2^{A|D}=0$，

$$x_s^{A|D}=\sqrt{\dfrac{a_s(k_1-m_1^D)}{a_1 k_s}}\ln\left(\beta\sqrt{\dfrac{a_1 a_s}{k_s(k_1-m_1^D)}}\right),$$

相对应的违规概率和不合格率分别为 $\alpha^{A|D}=\tilde{\beta}_1^D/\beta$，$\gamma^{A|D}=\tilde{\beta}_1^D$。

②当 $\beta<\tilde{\beta}_1^D$，此时为零投资策略，即 $x_1^{N|D}=x_2^{N|D}=x_s^{N|D}=0$，相对应的违规概率和不合格率分别为 $\alpha^{N|D}=1$，$\gamma^{N|D}=\beta$。

需要注意的是，当制造商 1 采取激进策略时，需要具备两个可行性条件。与垄断情况一样，第一个条件保证了非零的企业社会责任投资水平在均衡状态下是最优的。第二个条件意味着制造商 1 企业社会责任投资的损失调整成本比其竞争对手更小，这确保了制造商 1 的企业社会责任投资水平超过制造商 2 的均衡水平。如果违反此条件，制造商 2 有动机使投资水平大于制造商 1，并将制造商的总投资提高到 $\sqrt{\dfrac{a_2 k_s}{a_s(k_2-m_2^D)}}$。由式（5-10）可知，此时制造商 1 将不进行任何投资，说明该策略转变为温和策略。因此，避免重复讨论，用温和策略下的 $\tilde{\beta}_2^D$ 代替激进策略下的 $\tilde{\beta}_1^D$，两种策略下的均衡行为相似。

在引言部分，制造商对供应链企业社会责任投资的偏好是不同的。引理 5.2 和引理 5.3 的结果表明，制造商可能选择像 H&M 那样的激进策略，也可能采取像 Uniqlo 那样的温和策略，让竞争对手敦促供应商进行企业社会责任投资。根据以上结果，在 Urban Outfitters 和 Arcadia 等竞争对手的激进策略下，M&S 在进入一个新的市场时，坚持高度参与供应商的企业社会责任问题是不明智的。

第四节 制造商企业社会责任投资策略选择

根据第三节中制造商 1 可能采取的供应链企业社会责任问题的管理策略,进一步推导考虑制造商营利性的全局最优策略及相关条件。首先,本节讨论了垄断情形下制造商 1 的策略选择问题。

定理 5.1 在垄断情形下,当 $\beta > 2\tilde{\beta}^M$,制造商 1 更愿意进行企业社会责任投资,否则,制造商 1 不会进行企业社会责任投资。

在定理 5.1 中,制造商 1 对企业社会责任投资的动机与检测效率有关。当检测效率足够高时,制造商 1 更有可能进行企业社会责任投资,供应链承担更多的社会责任。此外,当制造商 1 或供应商的损失调整投资成本,即 $(k_1 - m_1^M)/a_1$,k_s/a_s 减少时,$\tilde{\beta}^M$ 减小,定理 5.1 中的条件更有可能成立。这表明,当制造商 1 的企业社会责任投资成本相对于供应商或其自身的损失来说较小时,制造商 1 更有可能进行企业社会责任投资,并提高供应链整体的社会责任水平。

对于双头垄断情形,本节首先讨论制造商 2 的市场进入策略。在观察制造商 1 的防御策略后,制造商 2 有 3 种选择作为最优对策:①进行正向的企业社会责任投资,即 $x_2^{M|D}$;②不进行企业社会责任投资,即 $x_2^{A|D}$ 或 $x_2^{N|D}$;③放弃市场。

为了方便表示,本节定义制造商 2 的销售边际利润 $R_2^D = (p_2 - w)[V + (p_1 - 3p_2 + F)/2]$,并定义在给定 x_1 时制造商 2 在制造商 1 的激进策略、温和策略及零投资策略下的最优利润为 $\pi_2^{A|D}$,$\pi_2^{M|D}$,$\pi_2^{N|D}$。在制造商 1 的激进策略下,制造商 2 的利润 $\pi_2^{A|D}$ 与 R_2^D 正相关。因此,存在一个阈值 $\tilde{R}_2^{A|D} = a_2\tilde{\beta}_1^D + \dfrac{(1+\theta)(p_2 - w)}{2}\sqrt{\dfrac{a_1 k_s}{a_s(k_1 - m_1^D)}}$,当 $R_2^D > \tilde{R}_2^{A|D}$ 时,$\pi_2^{A|D} > 0$。制造商 2 的策略偏好如下:

定理 5.2 在双头垄断情形下,给定制造商 1 的防御策略,制造商 2 的市场进入策略是:

①在制造商 1 的激进策略下 $(\beta > \tilde{\beta}_1^D, (k_1 - m_1^D)/a_1 < (k_2 - m_2^D)/a_2)$,当 $R_2^D > \tilde{R}_2^{A|D}$ 时,制造商 2 会以 $x_2^{A|D}$ 的企业社会责任投资水平进入市场,

否则，不会进入市场。

②在制造商 1 的温和策略下（$\beta > \tilde{\beta}_2^D$），当 $R_2^D > 2a_2\tilde{\beta}_2^D$ 时，制造商 2 会以 $x_2^{M|D}$ 的企业社会责任投资水平进入市场，否则，不会进入市场。

③在制造商 1 的零投资策略下（$\beta < \tilde{\beta}_2^D$），当 $R_2^D > a_2\beta$ 时，制造商 2 会以 $x_2^{N|D}$ 的企业社会责任投资水平进入市场，否则，不会进入市场。

定理 5.2 表明，制造商 2 的市场进入决策是对制造商 1 不同防御策略的反应。即使有忠实消费者对制造商 2 的进入抱有热切期望，进入市场并不总是明智的。一般情况下，当销售的边际利润 R_2^D 足够大时，制造商 2 有进入市场的动机，R_2^D 与 V 和 F 正相关。具体而言，在制造商 1 的激进策略下，随着供应商的损失调整投资成本 k_s/a_s 和因违规造成的损失 a_2 的减少，新进入者选择不进行企业社会责任投资的情况下参与竞争。这些条件从两个方面推动了新进入者的零投资决策。首先，由于损失调整投资成本降低，供应商的企业社会责任投资提高。制造商 2 因为与负责任的供应商合作，不需要进行企业社会责任投资，节省投资成本。其次，即使违规行为被发现，制造商 2 也只会受到较轻的处罚 a_2。在制造商 1 的温和策略下，制造商 2 更愿意进行企业社会责任投资来获得市场份额。市场进入动机随着检测效率 β 的上升而增加，但当社会责任投资成本相对于供应商或违规损失来说足够低时，其市场进入动机会降低。在制造商 1 的零投资策略下，可以直观地看出制造商 2 的市场进入动机与检测效率 β 和违规损失 a_2 负相关。

在制造商 2 市场进入策略的基础上，对制造商 1 的最优防御策略进行分析。将制造商 1 在激进、温和及零投资策略下的最优利润分别表示为 $\pi_1^{A|D}$，$\pi_1^{M|D}$，$\pi_1^{N|D}$，此外，定义 $\Delta\pi_1^{A,M} \stackrel{\triangle}{=} \pi_1^{A|D} - \pi_1^{M|D}$，衡量制造商 1 竞争策略选择对利润的影响。很容易证明当 $\tilde{\beta}_2^D > 2\tilde{\beta}_1^D$ 时，$\Delta\pi_1^{A,M}$ 与 a_1 正相关；当 $\tilde{\beta}_2^D \leqslant 2\tilde{\beta}_1^D$ 时，$\Delta\pi_1^{A,M} > 0$ 恒成立。然后，进一步定义阈值 $\tilde{a}_1$，满足当 $\tilde{\beta}_2^D > 2\tilde{\beta}_1^D$ 时，$\Delta\pi_1^{A,M} = 0$。

定理 5.3 在双头垄断情形下，制造商 1 的防御策略偏好如下：

①当 $\beta > 2\tilde{\beta}_1^D$，$R_2^D > \tilde{R}_2^{A|D}$，并且以下两个条件之一成立时，激进策略最优：$a_1 > \tilde{a}_1$，$\tilde{\beta}_2^D > 2\tilde{\beta}_1^D$。

②当 $\beta > \tilde{\beta}_2^D + \dfrac{(1+\theta)(p_1-w)}{2a_1}\sqrt{\dfrac{a_2 k_s}{a_s(k_2-m_2^D)}}$，$R_2^D > 2a_2\tilde{\beta}_2^D$，并且以下

两个条件均成立时,温和策略最优:$a_1<\tilde{a}_1$,$\tilde{\beta}_2^D<2\tilde{\beta}_1^D$。

③当$R_2^D>a_2\beta$时,零投资策略最优。

定理 5.3 首先表明,对于激进策略来说,$\beta>2\tilde{\beta}_1^D$保证了检测能够有效推动供应链进行企业社会责任投资。第二个条件确保制造商 2 愿意进入市场。当$\tilde{\beta}_2^D>2\tilde{\beta}_1^D$时,$\Delta\pi_1^{A,M}>0$,等价于$\dfrac{k_2-m_2^D}{a_2}>\dfrac{4(k_1-m_1^D)}{a_1}$,表明当制造商 1 的损失调整投资成本比制造商 2 具有明显优势时,制造商 1 总是倾向于采取激进策略。当企业社会责任投资成本大于违规处罚时,就违反了条件,制造商 1 参与企业社会责任投资的动机被削弱了。在这种情况下,$\Delta\pi_1^{A,M}>0$与违规损失a_1正相关,因发现供应商违规而造成的大量损失,即$a_1>\tilde{a}_1$,迫使制造商 1 采取激进策略,承担所有下游的企业社会责任。其次,只有当$\Delta\pi_1^{A,M}<0$时,制造商 1 才有可能采取温和策略。其余条件的解释与第一个情形类似。当无论采取激进策略还是温和策略都不可行时,若制造商 2 有进入市场的动机,即$R_2^D>a_2\beta$,零投资策略是最优的。

第五节 竞争对供应链企业社会责任投资的影响分析

在这一节中,我们讨论竞争和制造商的策略选择对企业社会责任相关问题的影响,其中本节重点关注供应链进行社会责任投资和每个企业最优社会责任投资水平的影响因素。

为了便于讨论,暂时假设制造商 2 的边际利润足够高,以确保其进入双头垄断的情形。首先,通过比较不同竞争结构下供应链企业社会责任投资为正的检测效率阈值,重点分析供应链进行社会责任投资的条件。从供应链角度讨论企业社会责任投资的水平时,本节主要考虑正向企业社会责任投资的违规概率,即$\alpha^{R|M}$,$\alpha^{A|D}$及$\alpha^{M|D}$。

定理 5.4 与双头垄断情形相比,垄断情形下的供应链更有可能进行社会责任投资,即$\tilde{\beta}^M<\tilde{\beta}_i^D$。竞争形成后,供应链整体的社会责任投资水平降低,即$x_s^{R|M}x_1^{R|M}>x_s^{j|D}(x_1^{j|D}+x_2^{j|D})$,违规概率有所提高,即$\alpha^{R|M}<\alpha^{j|D}$,$j=A,M$。

总体而言,当新进入制造商通过企业社会责任投资吸引具有社会责任意识的消费者参与下游竞争时，供应链进行社会责任投资的条件更难满足，供应链整体的企业社会责任投资减少。根据定理 5.2，V 和 F 是制造商 2 市场进入策略的正向影响因素：对于一个高度评价或可替代的产品，即 V 和 F 都足够大，制造商 2 有强烈的动机进入这个市场，因此供应链减少企业社会责任投资。

在揭示了竞争及其影响因素对企业社会责任投资的影响之后，本节进一步得出竞争强度的影响。结果如推论 5.1 所示。

推论 5.1 垄断和双头垄断两种情形下，正向企业社会责任投资的阈值差距和违规概率差距与竞争强度 θ 负相关。

推论 5.1 表明，在激烈市场竞争中，双头垄断情形下供应链进行社会责任投资的触发机制及其总体社会责任投资与垄断情形下接近。定理 5.4 和推论 5.1 揭示了制造商竞争对企业社会责任问题具有双刃剑效应。具体来说，双头垄断降低了企业社会责任投资水平，但其影响随着竞争的增强而减弱。

为了进一步理解供应链成员的企业社会责任决策，本节分别讨论了竞争对制造商和供应商社会责任投资策略的影响。基于定理 5.4，与双头垄断情形相比，垄断情形下制造商正向企业社会责任投资的条件更容易得到满足，即 $\tilde{\beta}^M < \tilde{\beta}_i^D$。这意味着在垄断情形下，制造商更有可能参与企业社会责任项目。然后，本节分别比较了垄断和双头垄断情形下不同策略的制造商企业社会责任投资水平。以下定理展示了双头垄断及竞争强度对制造商企业社会责任投资的影响。

定理 5.5 在垄断情形下，制造商的企业社会责任投资程度最高，其次是双头垄断情形下的激进策略、温和策略及零投资策略，即 $x_1^{R|M} > x_1^{A|D} + x_2^{A|D} > x_1^{M|D} + x_2^{M|D} > x_1^{N|D} + x_2^{N|D} = 0$。垄断情形下企业社会责任投资与激进策略之间的差距与竞争强度 θ 负相关。

定理 5.5 表明双头垄断削弱了制造商的企业社会责任投资，但随着竞争强度（以企业社会责任替代水平为代表）的增加，两种情形下的企业社会责任投资趋于相近。在双头垄断情形下，当制造商 1 对竞争持激进态度时，会承担所有下游的企业社会责任；当制造商 1 对竞争持温和态度时，制造商 2 将承担所有下游的企业社会责任。在竞争对手进入后，现有制造商在采取激进策略时，会降低企业社会责任投资水平，新进入者在这种策略下可以搭便车。但是，随着竞争的加剧，制造商 1 更倾向于提高企业社会责任投资水平来获取转换消费者的需求。当制造商 1 的损失调整投资成本足够高时，最终选择温和策略或零投资策略,放弃参与供应商的企业社会责任项目。此外,当制造商 2 承担全部企业社会责任时,由于损失调整投资成本更高,即 $(k_2-m_2^D)/a_2 > (k_1-m_1^D)/a_1$,制造商的企业社会责任总投资减少。

下面分析双头垄断和竞争强度对供应商企业社会责任投资水平的影响。

定理 5.6 供应商企业社会责任投资水平的比较结果取决于检测效率,即:

①当 $\beta < e\tilde{\beta}^M$,垄断情形下供应商的企业社会责任投资水平最高,其次是激进策略,最后是温和策略,即 $x_s^{R|M} > x_s^{A|D} > x_s^{M|D} > 0$。

②当 $\beta > e\tilde{\beta}_2^D$,在温和策略下,供应商的企业社会责任投资水平最高,其次是激进策略,最后是垄断情形,即 $x_s^{M|D} > x_s^{A|D} > x_s^{R|M} > 0$。

供应商在垄断和双头垄断情况下的企业社会责任投资差距,即 $|x_s^{R|M} - x_s^{A|D}| - |x_s^{R|M} - x_s^{M|D}|$ 随着竞争强度 θ 的增加而减弱。

虽然式(5-8)表明,在垄断情形下,供应商的企业社会责任投资可能为正,也可能为零,但定理 5.6 只关注在垄断情形下,供应商企业社会责任投资为正的情况。当检测效率较低,即 $\beta < e\tilde{\beta}^M$,结果表明与制造商 1 相似,没有制造商竞争时的供应商承担更多的社会责任。但是,制造商 1 在激进策略下的企业社会责任投资水平高于温和策略下的企业社会责任投资水平。有趣的是,不同策略下供应商的企业社会责任投资水平在检测效率(即 $\beta > e\tilde{\beta}_2^D$)足够高时有所逆转。虽然竞争削弱了制造商的企业社会责任投资动机,但因为检测效率较高,供应商必须有意识地提高供应链的社会责任,此时,竞争促使供应商更有社会责任感。然而,供应商增加的企业社会责任投资小于竞争减少的制造商企业社会责任投资。如定理 5.4 所示,竞争形成后,供应链整体的企业社会责任投资降低。总体而言,随着制造商竞争强度的增加,供应商的企业社会责任投资在垄断和双头垄断情况下趋于相近。

最后,本节考虑了检测效率对企业社会责任问题的影响。

推论 5.2 随着检测效率 β 的提高,

①制造商 1 倾向于更加负责,采取激进策略;

②制造商 2 在温和策略下更有可能进入市场,而在零投资策略下则相反;

③在垄断和双头垄断两种情形下,供应商的社会责任投资水平均有所提高;

④在垄断和双头垄断的情形下,供应链更加重视社会责任。

检测效率在企业社会责任承担和防御/市场进入策略偏好中起着至关重要的作用。有趣的是，对于新进入者来说，有/没有企业社会责任的投资存在差异。承担所有下游社会责任的新进入者倾向更高的检测效率，然而，在零投资策略下，检测效率提高了新进入者的进入门槛。因此，建议公众（如消费者、政府和非政府组织）密切监控供应商是否遵守了企业社会责任的规定，以提高社会和环境的可持续性。特别是在新兴市场，对企业社会责任违规的检测通常是低效的，政府和第三方应该提高检测效率。

第六节　本章小结

本章通过建立一个博弈模型，探讨制造商竞争对企业社会责任投资的影响。在博弈模型中，两个制造商与共同的供应商进行企业社会责任投资，以吸引具有社会责任意识的消费者。我们推导了垄断和双头垄断情形下每个企业最优社会责任投资、策略选择和进行社会责任投资的条件。然后，通过比较两种情形下的最优决策，探讨竞争对企业社会责任行为的影响。本章从管理学角度有以下主要发现。

一、企业社会责任投资决策

在垄断情形中，当且仅当检测效率足够高时，供应商和制造商都选择承担企业社会责任（进行企业社会责任投资）。此外，当投资成本相对于制造商或供应商的违规损失更小时，供应链更有可能承担社会责任。在双头垄断情形下，如果检测效率足够低，供应商和两个制造商都选择不承担社会责任（零投资策略）。否则，供应商将始终选择承担社会责任，而制造商1或制造商2将选择承担社会责任。当制造商1采取激进策略防御竞争对手时，将承担所有的下游社会责任，制造商2因此搭便车。当制造商1采取温和策略防御竞争对手时，将企业社会责任完全转移给了竞争对手。相应地，新进入者愿意为获得市场份额进行企业社会责任投资。此外，在激进策略下，制造商的总体社会责任投资水平高于温和策略。虽然在一定条件下，温和策略下供应商的社会责任投资水平高于激进策略，但激进策略下供应链的社会责任总投资水平始终更高。

二、制造商 2 的市场进入策略

无论制造商 1 采用何种策略（激进、温和、零投资策略），制造商 2 都会选择在销售边际利润足够大时进入市场。但是，在激进策略下，制造商 2 不进行企业社会责任投资，而是依靠制造商 1 的企业社会责任投资搭便车。当供应商的损失调整投资成本和违规损失减少时，制造商 2 更有动机进入市场。在温和策略下，制造商 2 为了获得市场份额，承担所有下游的社会责任投资。制造商 2 的市场进入动机随检测效率的提升而增加，但随着供应商及其自身的损失调整投资成本的增加而减少。在零投资策略下，制造商 2 进入市场的动机随着检测效率和违规损失的增加而减少。

三、制造商 1 的防御策略

对于制造商 1 来说，当检测效率和制造商 2 的销售边际利润较大时，最优策略可以为激进策略或温和策略。否则，制造商 1 选择零投资策略。如果社会责任违规造成的财务损失较小，则制造商 1 选择温和策略，企业社会责任投资为零；否则，激进策略或温和策略都是最优策略。

四、竞争的影响

与垄断情形相比，当两个制造商在市场上竞争时，供应链整体的社会责任投资水平减少。当制造商 2 进入市场后，制造商 1 和整个供应链更少地承担社会责任，即零投资策略的应用条件降低，企业社会责任投资水平降低。然而，供应商可能更多或更少地承担社会责任。具体来说，如果检测效率相对较低，供应商更少地承担社会责任；如果检测效率足够高，供应商的社会责任投资会增加。此外，当两个制造商之间的竞争强度（以企业社会责任替代水平为代表）增加时，制造商 2 进入市场的影响减弱。这是因为，随着竞争的加剧，制造商 1 加大了企业社会责任投资，以吸引更多的转换消费者。

五、检测效率的影响

非政府组织、消费者和政府的检测效率对企业社会责任承担和防御/市场进入策略决策起着至关重要的作用。随着检测效率的提高,制造商1承担更多的企业社会责任,采取激进策略;有/没有企业社会责任投资的新进入者存在差异:制造商2在温和策略下更有可能进入市场,在零投资策略下则相反;在垄断和双头垄断两种情形下,供应商的社会责任投资水平均有所提高;在垄断和双头垄断的情形下,供应链整体承担的企业社会责任增加。

六、对新兴市场的影响

在新兴市场,对企业社会责任违规行为的检测通常是低效的,因此企业社会责任的履行水平不够高。研究结果表明,政府或新兴市场第三方组织应加大对企业社会责任违规行为的检测效率和处罚力度,从而提高供应商的社会责任投资水平,使供应链承担更多的社会责任。此外,当新兴市场的检测效率发生变化时,新进入者和现有制造商应分别改变其市场进入策略和防御策略。此外,尽管许多行业在新兴市场发展迅速,但我们应该对竞争保持谨慎。就供应链中竞争对企业社会责任的影响而言,竞争的弊大于利。

本章模型虽存在一定局限性,但为今后的研究提供了方向。首先,本章以一个零售价格稳定的成熟市场为研究对象,假设零售价格是外生给定的,在未来的研究中,可能会将研究进一步扩展到考虑两个制造商都能最优设定零售价格的定价问题。其次,本章假设忠实消费者和转换消费者的市场规模是相同的,然而,在实践中可能是不同的,因此,未来的研究可以探讨转换消费者比例的影响。

第六章 零售商竞争环境下供应链企业社会责任投资策略与运营决策研究

第一节 引 言

制造业对环境造成了极大污染。为了降低工业碳排放,绿色/清洁制造一直被视为可持续问题的重要解决方案,通过有效利用能源和控制污染物来实现低碳排放的生产过程。低碳生产往往需要进行社会责任投资,这种投资在控制工业实践中的碳排放方面相当有效。例如,2016—2017年,苹果公司在能效和可再生能源项目等清洁技术上投资了约16.57亿美元。根据苹果公司的绿色债券报告,社会责任投资减少了约45.42万吨的碳排放(Apple Group,2018)。值得注意的是,社会责任投资的成本通常是巨大的。巴西的一项调查显示,缺乏激励政策是限制企业进行成本高昂的社会责任投资最主要的因素(Da Silva et al.,2017)。因此,政府设计了大量的政策、法规和工具,如环境税、补贴、罚款和限额交易机制等来激励或规定企业在社会责任方面进行投资(Dong et al.,2016)。对于一些国家来说,环境税或排放税是最有效的法规之一(Drake et al.,2015)。例如,太阳能投资税收抵免(ITC)的施行显著节省了能源,因为它规定所有在美国使用太阳能的企业可以享受税收优惠政策(Shi et al.,2017)。另一个关于环境税的经典案例是美国政府对氯氟烃(CFCs)进行征税。在该税收政策实施5年后,全球氯氟烃消费量减少了70%以上(Krass et al.,2013年)。面对额外征收的环境税,企业有动机使用清洁技术以降低碳排放,从而获得税收优惠与减免。从需求角度来看,随着消费者环保意识的提高,他们对绿色产品更加敏感且愿意支付更高的价格(Yalabik et al.,2011;Liu et al.,2012)。在市场的激励下,出现了更多可持续性的社会责任投资,供应链中的制造商甚至零售商也受到了社会责任投资的激励(Lam et al.,2016;Li et al.,2016;

Shi et al.，2017)。很多制造商都进行了社会责任投资。例如，H&M在其制造过程中采取了许多方法来减少碳排放（H&M Group，2017)。有趣的是，沃尔玛和玛莎百货等一些零售商也直接投资了制造商的社会责任投资项目（Caro et al.，2013；Shi et al.，2017）。

  供应链上的成员都有可能进行社会责任投资。本章提出以下研究问题：从环境角度来看，哪个供应链成员更应该进行社会责任投资？此外，从经济角度来看，哪个供应链成员在社会责任投资方面的动机更大？更关键的是，供应链中的竞争严重影响了供应链主体是否进行社会责任投资的决策。在这种背景下，企业的投资不仅会影响上下游供应链合作伙伴，也会影响竞争对手。当供应链中的一个成员在具有可替代产品的竞争环境中进行社会责任投资时，供应链中可能同时存在竞争和溢出效应。鉴于上述现象和影响，研究社会责任投资在竞争供应链中的作用至关重要。

  因此，在本章中，我们设计了一个由一个制造商和两个零售商组成的供应链模型。制造商生产一种环保产品，这种产品由两个不同的零售商出售给消费者。制造商和零售商都可以选择社会责任投资。社会责任投资额会影响污染物的排放量从而影响环境税的征收额，也会影响有环保意识的消费者对该产品的购买意愿。本章考虑了制造商为领导者、零售商为跟随者的制造商斯坦伯格博弈。制造商首先确定批发价格和社会责任投资水平（如果有的话）。随后，在给定的批发价格下，两个零售商同时决定各自的订单数量和投资水平（如果有的话），然后参与市场上的古诺博弈。

  本章首先考虑两种对称的投资情景，即仅制造商投资或者两个零售商进行社会责任投资。通过分析比较两种投资情景下的绩效，本章发现制造商更喜欢两个零售商进行投资的情况。因为在这种情况下，制造商不仅可以享受减税政策，而且不用承担投资成本。然而，零售商并不总是愿意让制造商进行投资。这是因为，当制造商进行社会责任投资时，批发价格将会变得很高。在需求被刺激且可以降低环境税收的条件下，本章推导出零售商可以通过社会责任投资获得更高利润的条件。具体而言，如果社会责任投资的收益在增加市场需求方面比减少环境税更为显著，零售商就愿意进行社会责任投资，否则他们会等待制造商进行投资。

  本章还考虑了一个非对称投资情景，在该情景下，只有一个零售商进行社会责任投资。本章首先推导出了该情景下的最优投资水平，然后通过分析和数值方法比较了对称和非对称投资情景下的最优策略和绩效。本章发现，在3种投资情景中,非对称投资情景是制造商最不希望发生的情况。虽然非对称情况下存在溢出效应,但此时搭便车者的利润提升空间有限。此外,本章比较了供应链的环境绩效和社会责任投资对消费者的影响,并讨论了其他的管理见解。

第二节 模型框架

本章设定了一个两级供应链,其中制造商(M)通过签订批发合同在一个阶段向两个零售商(以i进行区分)销售某一种产品。设c表示制造商的单位生产成本,w_i表示零售商i的批发价格。两个零售商的产品是可以相互替代的。设p_i和q_i分别表示零售商i的零售价格和订货量。

根据行业实例和相关文献,本章假设每个供应链成员都有动机,也都有可能通过社会责任投资以减少排放(Shi, 2017)。因此,本章需要研究3种情景:①只有制造商进行社会责任投资,记为M情景;②两个零售商都进行社会责任投资,记为BR情景;③只有一个零售商进行社会责任投资,记为SR情景。本章将企业i的单位产品社会责任投资所带来的可持续性水平增量定义为e_i,它代表投资后产品的生态友好水平增加的程度。从本质上说,这个决策变量代表了社会责任投资额;因此,用e_i代表投资水平。

相关投资成本的定义如下:

$$I_i(e_i) = \lambda \frac{e_i^2}{2}, \quad \forall i = m, 1, 2 。 \tag{6-1}$$

该表达式表明投资成本相对于投资水平上呈正增长趋势。其中,λ为投资成本系数(Yalabik et al., 2011)。

本章设定市场有一个确定性的需求,也即市场的需求等于零售商的订单量。此外,零售商也参与了市场上的古诺博弈。进一步,本章定义p_i^m、p_i^{br}和p_i^{sr}分别为零售商i在M、BR和SR情景下的零售价格。除了对价格敏感的需求进行建模外,本章假设消费者有环保意识,这也被视为各个主体投资可持续项目的一个重要激励因素。因此,社会责任投资对产品需求具有积极影响(Li et al., 2016; Dong et al., 2016)。我们假设逆需求函数为:

$$p_i^m(q_i, q_{3-i}, e_m) = \alpha - \beta(q_i + \eta q_{3-i}) + \gamma e_m 。 \tag{6-2}$$

$$p_i^{br}(q_i, q_{3-i}, e_i, e_{3-i}) = \alpha - \beta(q_i + \eta q_{3-i}) + \gamma(e_i + e_{3-i}) 。 \tag{6-3}$$

$$p_i^{sr}(q_i,q_{3-i},e_i)=\alpha-\beta(q_i+\eta q_{3-i})+\gamma e_i。 \qquad (6-4)$$

其中，α 为市场规模，$\beta>0$ 为产品的价格敏感性，$\eta\in(0,1)$ 表示两个零售商销售产品的可替代性。这种价格敏感的需求函数已被广泛用于供应链管理研究，以描述零售商之间的价格竞争（如 Tsay et al., 2000；Feng et al., 2012；Feng et al., 2013）。此外，在关注可持续性问题的文献中，我们用 γ 来衡量需求对排放的敏感性（如 Dong et al., 2016；Shi et al., 2017；Chen et al., 2013）。

环境税的减免是另一个鼓励制造商进行社会责任投资的因素。本章将每单位产品的总税收减免定义为 $T(e)$，$t>0$ 为单位可持续性水平可以抵扣或降低的税收。当制造商进行社会责任投资时，$T(e)=-te_m$；当零售商进行社会责任投资时，$T(e)=-t(e_i+e_{3-i})$。这一假设与事实是相符的，也即对减少环境破坏的技术替代产品的投资往往会带来大量的税收减免。

为了避免琐碎的结果，本章假设投资成本系数足够高，即 $\lambda>(\gamma+t)^2/\beta$。这个假设是合理的，因为在现实中对环境危害较小的技术的投资通常很高（如 Dong et al., 2016；Shi et al., 2017）。由于社会责任投资水平会刺激市场需求，所以零售商和制造商都有动机提高零售和批发价格。因此，本章也假设 $\gamma>t$，在这个条件下投资水平与零售和批发价格正相关。

所有供应链成员都希望利润最大化。设 $\Pi_{r,i}^{j}$ 和 Π_{m}^{j}（$\forall j=m,br,sr$）分别表示 M、BR 和 SR 情形下零售商 i 和制造商的利润。利润函数可表示为：

①制造商进行社会责任投资（M 情景）。

$$\Pi_{r,i}^m(q_i,q_{3-i})=(p_i-w_i)q_i=[\alpha-\beta(q_i+\eta q_{3-i})+\gamma e_m-w_i]q_i。$$
$$(6-5)$$

$$\Pi_m^m(w_i,w_{3-i},e_m)=\sum_{i=1}^{2}(w_i+te_m-c)q_i-\lambda\frac{e_m^2}{2}。 \qquad (6-6)$$

②两个零售商都进行社会责任投资（BR 情景）。

$$\Pi_{r,i}^{br}(q_i,q_{3-i},e_i,e_{3-i})=(p_i-w_i)q_i-I_i(e_i)$$
$$=[\alpha-\beta(q_i+\eta q_{3-i})+\gamma(e_i+e_{3-i})-w_i]q_i-\lambda\frac{e_i^2}{2}。 \qquad (6-7)$$

$$\Pi_m^{br}(w_i,w_{3-i})=\sum_{i=1}^{2}[w_i+t(e_i+e_{3-i})-c]q_i。 \qquad (6-8)$$

③只有一个零售商，即零售商 i 进行社会责任投资（SR 情景）。

$$\Pi_{r,i}^{sr}(q_i,q_{3-i}) = (p_i - w_i)q_i - I_i(e_i) =$$
$$[\alpha - \beta(q_i + \eta q_{3-i}) + \gamma e_i - w_i]q_i - \lambda \frac{e_i^2}{2}. \quad (6-9)$$

$$\Pi_{i,3-i}^{sr}(q_i, q_{3-i}) = (p_{3-i} - w_{3-i})q_{3-i} =$$
$$[\alpha - \beta(q_{3-i} + \eta q_i) + \gamma e_i - w_{3-i}]q_{3-i}. \quad (6-10)$$

$$\Pi_m^{sr}(w_i, w_{3-i}, e_m) = (w_i + te_i - c)q_i + (w_{3-i} + te_i - c)q_{3-i}. \quad (6-11)$$

表 6-1 总结了模型中使用的符号，本章将根据需要引入和定义其他的符号。

表 6-1 符号

符号	含义
M	只有制造商进行社会责任投资的情景
BR	两个零售商都进行社会责任投资的情景
SR	只有一个零售商进行社会责任投资的情景
w_i	零售商 i 的批发价，$i \in \{1, 2\}$
p_i	零售商 i 每单位产品的零售价，$i \in \{1, 2\}$
q_i	零售商 i 的订货量，$i \in \{1, 2\}$
e_i	企业 i 的投资水平，$i \in 1, 2, m$；$i \in \{1, 2\}$ 指零售商，$i = m$ 指制造商
c	每单位产品的生产成本
λ	社会责任投资的成本系数
t	单位可持续发展水平的税收抵免/减少
α	市场规模
β	产品的价格敏感性
γ	需求的排放敏感性
η	产品的可替代性
$\Pi_{r,i}^{j}$	j 情景中零售商 i 的利润，$i \in \{1, 2\}$，$j \in \{m, br, sr\}$
Π_m^{j}	j 情景中制造商的利润，$j \in \{m, br, sr\}$

在每个情景中,我们都设定了一个斯坦伯格博弈,其中制造商是领导者,零售商是追随者。制造商首先决定批发价格和投资水平(如果有的话)。随后,他分别与两个零售商签订一份批发合同。其次,两个零售商根据给定的批发价格同时决定各自的订单数量和投资水平(如果有的话),然后在市场上开展竞争。本章使用逆序决策方法来解决每个场景中的问题。在 BR 和 M 场景中,零售商可能都进行社会责任投资,也可能都不投资。而在 SR 场景中,只有一个零售商进行社会责任投资。因此,将 M 和 BR 情景视为对称投资情景,将 SR 情景视为非对称投资情景。我们将分别在第三节和第四节中对对称和非对称场景进行分析。

第三节　对称供应链结构下的企业社会责任投资决策分析

一、制造商企业社会责任投资

在这种情况下,制造商进行企业社会责任投资。零售商 i 通过确定订单量 q_i^* 使得自身利润最大化,即:

$$q_i^* \in \underset{q_i}{\operatorname{argmax}} \Pi_{r,i}^m (q_i, q_{3-i}^* | w_i, w_{3-i}, e_m) \text{。} \tag{6-12}$$

通过对上述最优化问题的求解,我们得到了最优订货量,其引理如下所示。

引理 6.1　给定批发价格 w_i 和 w_{3-i} 和制造商的投资水平 e_m,零售商 i 的最优订货量为:

$$q_i^*(w_i, w_{3-i}, e_m) = \frac{(2-\eta)\alpha + \gamma(2-\eta)e_m - 2w_i + \eta w_{3-i}}{\beta(4-\eta^2)}, i=1,2 \text{。} \tag{6-13}$$

以零售商的最优订货量作为最佳对策,制造商通过设定最优批发价格和投资水平来实现利润最大化。我们可以计算出制造商最优的 w_i、w_{3-i} 和 e_m。将这些值带入零售商的最佳反应函数,可以得到最优批发价格 w_m、投资水平 e_m、订货量 q_m、零售价格 p_m 及最优利润 Π_r^m 和 Π_m^m,如下方定理中所示。

定理 6.1　对于制造商来说,每单位产品投资 e_m 并向每个零售商收取

相同的批发价格 w_m 是最优的。此外，两个零售商应订购相同数量的产品，并设定相同的零售价格，使得：

$$v=\lambda\beta(2+\eta)-(\gamma+t)^2。$$

最优方案及利润见表 6-2。

表 6-2　M 情境下的最优决策和利润

w^m	e^m	q^m
$c+\dfrac{(a-c)[\lambda\beta(2+\eta)-2t(\gamma+t)]}{2v}$	$\dfrac{(a-c)(\gamma+t)}{2v}$	$\dfrac{(a-c)\lambda}{2v}$
p^m	Π_r^m	Π_m^m
$c+\dfrac{(a-c)[3\lambda\beta+\lambda\beta\eta-2t(t+\gamma)]}{2v}$	$\dfrac{\lambda^2\beta(a-c)^2}{4v^2}$	$\dfrac{\lambda(a-c)^2}{2v}$

在最优解和利润的基础上，我们在下面的定理中推导出需求和投资水平的敏感性参数对最优解和利润的影响。

定理 6.2　价格敏感性参数 β、竞争强度 η、投资成本系数 λ、环保意识敏感性 γ、环境节税系数 t 对最优决策和利润的影响见表 6-3，其中：

$$F_2=\frac{\gamma(\gamma+t)^2}{t(1+\eta)-\gamma},\quad F_3=\frac{\gamma(\gamma+t)^2}{t(2+\eta)}。$$

表 6-3　M 情境下参数对最优决策和利润的影响

参数	结果					
	最优决策				利润	
	w^m	q^m	e^m	p^m	Π_r^m	Π_m^m
B	↘	↘	↘	↘	↘	↘
H	↘			↘	↘	↘
Λ	↘	↘	↘	↘	↘	↘
Γ	↗	↗	↗	↗	↗	↗
T	↘($\lambda\beta\geq F_3$) ↗($\lambda\beta<F_3$)	↗	↗	↗($\gamma\geq t(1+\eta)$) ↗($\gamma<t(1+\eta),\lambda\beta<F_2$) ↘($\gamma<t(1+\eta),\lambda\beta>F_2$)	↗	↗

当制造商进行社会责任投资时，最优批发价格和投资水平均与价格敏感性 β、竞争强度 η 和投资成本系数 λ 呈负相关，而与环保意识敏感性 γ 呈正相关。环境节税系数 t 对最优批发价的影响是不单调的。具体而言，当投资

成本系数较大时,即 $\lambda\beta > F_3$ 时,制造商会随着 t 的增加而降低批发价格;否则,制造商会随着 t 的增加而提高批发价格。值得注意的是,当环保意识敏感性 γ 足够低($\gamma < t(1+\eta)$)时,$\lambda\beta > F_3$ 始终成立。同样值得注意的是,当环保意识敏感性 γ 较高或投资成本系数 λ 较低时,投资水平较高。因此,当环境节税系数 t 较高时,零售商可能会利用制造商的投资来收取较高的零售价格。在相反的情况下,零售商可能会降低零售价格。此外,随着环境节税系数 t 的增大,不仅制造商的利润有所提高,零售商的利润也得到改善。

二、零售商企业社会责任投资

在这个场景中,零售商选择 i($i \in \{1,2\}$)订单量 q_i^* 和社会责任投资 e_i^* 使其利润最大化。也就是说,

$$(q_i^*, e_i^*) \in \underset{q_i, e_i}{\operatorname{argmax}} \Pi_{r,i}^{br}(q_i, q_{3-i}^*, e_i, e_{3-i}^* | w_i, w_{3-i})。 \quad (6-14)$$

通过对上述最优化问题的求解,得到了下方引理中的最优订货量和投资水平。

引理 6.2 给定合同参数 (w_i, w_{3-i}),零售商 i 的最优策略为:

$$q_i^*(w_i, w_{3-i}) = \frac{(2-\eta)\lambda\beta\alpha - (2\lambda\beta - \gamma^2)w_i + (\lambda\beta\eta - \gamma^2)w_{3-i}}{\beta(2-\eta)(2\lambda\beta + \lambda\beta\eta - 2\gamma^2)}。$$

$$(6-15)$$

$$e_i^*(w_i, w_{3-i}) = \frac{\gamma[(2-\eta)\lambda\beta\alpha - (2\lambda\beta - \gamma^2)w_i + (\lambda\beta\eta - \gamma^2)w_{3-i}]}{\lambda\beta(2-\eta)(2\lambda\beta + \lambda\beta\eta - 2\gamma^2)}。$$

$$(6-16)$$

由此产生的零售价格是:

$$p_i^*(w_i, w_{3-i}) = \frac{(2-\eta)\lambda\beta\alpha - (2\lambda\beta - \lambda\beta\eta^2 + 2\gamma^2\eta - 3\gamma^2)w_i + (\lambda\beta\eta - \gamma^2)w_{3-i}}{(2-\eta)(2\lambda\beta + \lambda\beta\eta - 2\gamma^2)}。 \quad (6-17)$$

制造商根据零售商的反应函数,通过设定最优的 w_i 和 w_{3-i} 使自身利润最大化。值得注意的是,由于对称投资假设,两个零售商的批发价格、投资水平、订货量和零售价格是相同的。随后根据零售商的决策结果,本节求出了最优批发价格。将其带入零售商的最优反应函数,得到均衡批发价格 w^{br}、订货数量 q^{br}、投资水平 e^{br}、零售价格 p^{br} 及最优利润 Π_r^{br} 和 Π_m^{br}。

定理 6.3　使 $U=2\lambda\beta+\lambda\beta\eta-2\gamma^2$，最优解及利润如表 6-4 所示。

表 6-4　BR 情景下的最优决策和利润

w^{br}	q^{br}	e^{br}	p^{br}	Π_r^{br}	Π_m^{br}
$c+\dfrac{(\alpha-c)(U-4\gamma t)}{2(U-2\gamma t)}$	$\dfrac{\lambda(\alpha-c)}{2(U-2\gamma t)}$	$\dfrac{\gamma(\alpha-c)}{2(U-2\gamma t)}$	$c+\dfrac{(U-4\gamma t+\lambda\beta)(\alpha-c)}{2(U-2\gamma t)}$	$\dfrac{\lambda(2\lambda\beta-\gamma^2)(\alpha-c)}{8(U-2\gamma t)^2}$	$\dfrac{\lambda(\alpha-c)^2}{2(U-2\gamma t)}$

在得到最优解和利润的基础上，本节推导出需求和社会责任投资的敏感性参数对最优解和利润的影响。

定理 6.4　价格敏感性参数 β、竞争强度 η、投资成本系数 λ、环保意识敏感性 γ、环境节税系数 t 对最优决策和利润的影响如表 6-5 所示，其中

$$F_1=\frac{2t\gamma^2}{2\gamma-t(1+\eta)}。$$

表 6-5　BR 情景下参数对最优决策和利润的影响

参数	最优决策				利润	
	w^{br}	q^{br}	e^{br}	p^{br}	Π_r^{br}	Π_m^{br}
β	↗	↘	↘	↗ ($\gamma\leqslant t(1+\eta)$) ↘ ($\gamma>t(1+\eta)$)	↘	↘
η	↗	↘	↘	↘	↘	↘
λ	↗	↘	↘	↗ ($\gamma\leqslant t(1+\eta)$) ↘ ($\gamma>t(1+\eta)$)	↘	↘
γ	↘	↗	↗	↗ ($\lambda\beta\geqslant F_1$) ↘ ($\lambda\beta<F_1$)	↗	↗
t	↘	↗	↗	↘	↗	↗

由表 6-6 可知，各参数对最优批发价格和投资水平的影响相反。这意味着，当零售商的投资水平高时，制造商试图降低批发价格；当零售商的投资水平低时，制造商试图提高批发价格。显然，订单数量 q^{br} 和投资水平 e^{br} 随着价格的敏感性 β、竞争强度 η 和投资成本系数 λ 增加而减少，随着环保意识敏感性 γ 和环境节税系数 t 增加而增加。零售价格的变化取决于参数的

关系。零售价格是否随着 β 和 λ 增加而下降取决于 γ 和 $t(1+\eta)$ 之间的关系。值得注意的是，γ 表示投资水平对需求的边际效应，而 $t(1+\eta)$ 表示由于社会责任投资而减少单位排放量的情况下，减税和零售商竞争对制造商的联合效应。此外，我们认为消费者具有环保意识，使得需求随环保意识敏感性参数 γ 在投资水平上增加。因此，如果环保意识敏感性足够大，即 $\gamma > t(1+\eta)$，当 β 或 λ 的增加导致投资水平降低时，需求明显下降。因此，当 β 或 λ 增加时，零售商不得不降低零售价吸引顾客。当投资成本系数相对较高时，也即 $\lambda\beta \geqslant F_1$，当 γ 增加时，零售商试图通过收取更高的价格来将成本转嫁给消费者。此外，本节注意到，当环保意识敏感性足够大时，即 $\gamma > t(1+\eta)$，则 $\lambda\beta \geqslant F_1$ 始终成立。相反，零售价格并不总是随着环保意识敏感性增加而增加。对于最优利润的影响，值得注意的是，零售商的利润总是随着环境节税系数增加而增加。随着环境税节约的增加，制造商通过减税获得更多的补偿，从而降低批发价格，因此，零售商的利润增加。此外，零售商和制造商的利润总是随着投资成本系数增加而减少。随着投资成本系数的增大，社会责任投资和订单量都减少，导致利润减少。

三、制造商投资与零售商投资情景的比较分析

在本小节中，我们将讨论供应链成员社会责任投资的动机及其对经济和环境绩效的影响。

首先，本节考虑一个基础场景。在这种场景中，制造商和零售商都不进行社会责任投资。在这种场景中，零售商和制造商的利润函数为：

$$\Pi_{r,i}^0 = (p_i - w_i)q_i = [\alpha - \beta(p_i + \eta q_{3-i}) - w_i]q_i, \quad \forall i=1,2。 \tag{6-18}$$

$$\Pi_m^0 = \sum_{i=1}^{2}(w_i - c)q_i。 \tag{6-19}$$

零售商通过设定订货数量 q_i^0 使利润最大化，制造商通过确定最优批发价格 w_i^0 使利润最大化。在下列引理中给出了最优解。

引理 6.3 每个零售商的最优零售价格和订单量、制造商的最优批发价格及对应的最优利润汇总如表 6-6 所示。

表 6-6　没有主体投资时的最优决策和利润

p^0	q^0	w^0	Π_r^0	Π_m^0
$c+\dfrac{(\alpha-c)(3+\eta)}{2(2+\eta)}$	$\dfrac{\alpha-c}{2\beta(2+\eta)}$	$c+\dfrac{\alpha-c}{2}$	$\dfrac{(\alpha-c)^2}{4\beta(2+\eta)^2}$	$\dfrac{(\alpha-c)^2}{2\beta(2+\eta)}$

然后，本节分别比较了制造商和零售商在不同投资场景下的最优利润。

定理 6.5　①$\Pi_m^{br}>\Pi_m^m>\Pi_m^0$。②当 $(2-\eta)\gamma^2>4t^2$，$\Pi_r^{br}>\Pi_r^m>\Pi_r^0$；否则 $\Pi_r^{br}>\Pi_r^0$，$\Pi_r^m>\Pi_r^0$，且利润差 $\Pi_r^{br}-\Pi_r^m$ 随着 η 增加而减少。

定理 5 表明，由于利润的提高，所有的零售商和制造商都有投资的动机。此外，在 BR 情景下，制造商的利润最高。换句话说，制造商更愿意让零售商进行社会责任投资。那么，人们可能会认为零售商也更愿意让制造商单独进行社会责任投资。然而，我们证明了并不总是这样。我们推导出零售商通过投资获得最大利润的必要条件，即 $(2-\eta)\gamma^2>4t^2$。在这种情况下，γ 为环保意识敏感性，它表示零售商的需求刺激效益；t 为环境节税系数，表示制造商的环境节税效益。其次，零售商是否应该进行社会责任投资取决于零售商的需求刺激效益和制造商的环境税收减免效益之间的权衡。具体而言，当零售商的需求刺激收益较高（$(2-\eta)\gamma^2>4t^2$）时，零售商应进行投资；否则，他们应该等待制造商社会责任投资，利润差 $\Pi_r^{br}-\Pi_r^m$ 随着竞争强度 η 增加而减小。

定理 6.6　①$w^{br}<w^0<w^m$，②$q^0<q^m<q^{br}$，③当 $\gamma>(1+\eta)t$ 时，$p^0<p^{br}<p^m$；否则 $p^{br}<p^0<p^m$；④当 $\lambda\beta(2+\eta)>\dfrac{\gamma}{t}(\gamma+t)^2$ 时，$e^m>2e^{br}$；否则 $e^m<2e^{br}$。

定理 6.6 展现了不同投资情景下企业最优决策之间的关系。它表明，零售商通过社会责任投资可以降低制造商的批发价格从而受益；与此同时，当制造商进行社会责任投资时，会提高批发价格。此外，由于受到消费者的环保意识和较低的批发价格的激励，BR 场景下的订单量比其他投资场景下的订单量大。然而，当制造商进行社会责任投资时，即使 M 情景下的批发价格高于基准情景，零售商的订单也比基准情景下的多。这是因为，由于制造商的投资，零售商从不断增长的需求中获益。

在 M 场景中，由于批发价格较高，零售价格也最高。BR 场景下的零售价是否大于基准场景下的零售价取决于 γ 和 $t(1+\eta)$ 之间的关系。这个条件与定理 4 中分析的条件相同。具体来说，当竞争强度较低或环保意识敏感性较高时，即 $\gamma>t(1+\eta)$，相较不投资的场景，零售商能够通过社会责任投资从而收取更高的价格。这是因为 BR 场景下的批发价低于基准场景下的批发价，因此，当竞争强度较低时，零售商的边际贡献较高。但是，这种收益随着竞争的激烈程度增大而降低。因此，在竞争激烈的市场中，得到 $p^{br}<p^0$。从消费者的角度来看，这一结果也表明，当零售商进行社会责任投资时，在竞争强度较弱的情况下，可以满足更多的需求，消费者可以享受较低的零售价格。

从环境的角度，本节比较了 BR 和 M 情景下的总投资额。当投资成本系数/价格敏感参数/竞争强度（λ/β）足够高时，即 $\lambda\beta(2+\eta)>\dfrac{\gamma}{t}(\gamma+t)^2$ 时，制造商投资时的总投资水平大于零售商投资时的总投资水平。结合 $\lambda\beta>(\gamma+t)^2$ 的假设，可以推导出一个必要条件，即 $(2+\eta)t<\gamma$，在此条件下，零售商投资时的总投资水平高于制造商投资时的总投资水平。只有当社会责任投资对需求刺激的影响大于对环境税节约的影响时，这个必要条件才成立。

第四节　不对称供应链结构下的企业社会责任投资决策分析

在本节中，我们将讨论 SR 场景，这个场景中只有一个零售商进行社会责任投资。本节首先得出了最优解，然后将结果与对称情况下的最优解进行比较。

一、分析结果

本节假设零售商 $i(i=1,2)$ 是唯一进行社会责任投资的企业，在这个博弈中，它选择订单量 q_i 和投资水平 e_i 来最大化自己的利润。而另一个零售商，即零售商 $3-i$，只决定订单量 q_{3-i}。也即：

$$(q_i^*, e_i^*) \in \underset{q_i, e_i}{\arg\max} \Pi_{r,i}^{sr}(q_i, q_{3-i}^*, e_i | w_i, w_{3-i}). \qquad (6-20)$$

$$q_{3-i}^* \in \underset{q_{3-i}}{\arg\max} \Pi_{r,3-i}^{sr}(q_i^*, q_{3-i}, e_i^* | w_i, w_{3-i}). \quad (6-21)$$

通过对上述优化问题的求解，得到了最优订货量和投资水平。

引理 6.4 给定 w_i 和 $w_{3-i}(i=1,2)$，零售商的最佳决策为：

$$q_i^*(w_i, w_{3-i}) = \frac{\lambda[(2-\eta)\alpha - 2w_i + \eta w_{3-i}]}{\lambda\beta(4-\eta^2) - \gamma^2(2-\eta)}。 \quad (6-22)$$

$$e_i^*(w_i, w_{3-i}) = \frac{\gamma[(2-\eta)\alpha - 2w_i + \eta w_{3-i}]}{\lambda\beta(4-\eta^2) - \gamma^2(2-\eta)}。 \quad (6-23)$$

$$q_{3-i}^*(w_i, w_{3-i}) = \frac{(2-\eta)\lambda\beta\alpha + (\lambda\beta\eta - \gamma^2)w_i - (2\lambda\beta - \gamma^2)w_{3-i}}{\lambda\beta^2(4-\eta^2) - \beta\gamma^2(2-\eta)}。$$

$$(6-24)$$

给定零售商的反应函数，即式（6—22）～式（6—24），制造商通过设定最优 w_i 和 w_{3-i} 使其利润最大化。在确认厂商利润函数具有凹性后，得到了最优批发价格的定理。

定理 6.7 当只有零售商 i 进行社会责任投资时（$\forall i=1,2$），最优批发价格为：

$$w_i^{sr} = \frac{A_1 D + A_2 C}{BD - C^2}, \quad w_{3-i}^{sr} = \frac{A_1 C + A_2 B}{BD - C^2}。 \quad (6-25)$$

$$X = \lambda\beta(4-\eta^2) - \gamma^2(2-\eta)$$
$$A_1 = \alpha(2-\eta)[\lambda\beta X - t\gamma(6\lambda\beta - \lambda\beta\eta - \gamma^2)] + c[2\lambda\beta - \lambda\beta\eta + \gamma^2]X,$$
$$A_2 = \alpha(2-\eta)[\lambda\beta X - t\gamma(2\lambda\beta - 3\lambda\beta\eta - \gamma^2)] + c[2\lambda\beta - \lambda\beta\eta - \gamma^2]X,$$
$$B = 4\lambda\beta X - 4t\gamma(2\lambda\beta - \lambda\beta\eta + \gamma^2),$$
$$C = (2\lambda\beta\eta - \gamma^2)X + t\gamma[2(2\lambda\beta - \lambda\beta\eta - \gamma^2) - \eta(2\lambda\beta - \lambda\beta\eta + \gamma^2)],$$
$$D = 2(2\lambda\beta - \gamma^2)X + 2t\gamma\eta(2\lambda\beta - \lambda\beta\eta - \gamma^2)。 \quad (6-26)$$

然后，本节比较了无投资和 M 情形下的最优批发价格与非对称情形下的零售商投资情形。

定理 6.8 假设零售商 $i(i=1,2)$ 在 SR 场景中进行社会责任投资，那么

$$w_i^{sr} < w^0 < w_{3-i}^{sr} < w^m。$$

定理 6.8 表明搭便车的零售商，即在 SR 场景中不进行任何投资的零售商，批发价格介于 M 场景和无投资场景之间，即 $w^0 < w_{3-i}^{sr} < w^m$。而且，在 SR 场景中，制造商向投资社会责任的零售商收取的批发价格低于无投资场景下的批发价格，即 $w_i^{sr} < w^0$。将这些结果与定理 6.6 中批发价的关系相

结合，我们发现，当零售商进行投资时，批发价 w_i^{sr} 和 w^{br} 在所有对称和非对称投资情况下都是最低的。这一发现表明，制造商愿意通过降低批发价格，为进行社会责任投资的零售商提供一定的边际收益。

二、数值分析

值得注意的是，除了批发价格之外，对不同投资场景下的其他最优决策进行分析比较是非常棘手的。因此，为了进一步研究 SR 情景，并探讨不同情景下投资水平的管理问题，本节对所有 3 种投资情景进行了数值比较。具体地，我们讨论了投资成本系数 λ 和环境节税系数 t 对制造商和零售商的最优决策和利润的影响。此外，本节还演示了不同投资情景下的环境绩效。本节定义两个术语来代表供应链的环境绩效：第一个术语是指供应链成员在 SR、BR 和 M 场景中单位产品的总投资水平，即 e^{sr}、$2e^{br}$ 和 e^m；第二个术语 ER 为社会责任投资在 SR、BR 和 M 场景的总减排量，即 $ER^{sr}=e^{sr}(q_i^{sr}+q_{3-i}^{sr})$，$ER^{br}=4e^{br}q^{br}$ 和 $ER^m=2e^mq^m$。值得注意的是，在 BR 场景中，两个零售商都向制造商投资 e^{br}；因此，该产品的总投资水平为 $2e^{br}$。两个零售商的订单数量都是 q^{br}。因此，BR 情景下的总减排量为 $4e^{br}q^{br}$。

下面考虑投资成本系数的影响，对于参数值，设置 $\alpha=10$，$\beta=0.3$，$\gamma=0.6$，$c=2$，$t=0.3$，$\eta=0.5$。为了研究投资成本系数的影响，本节将 λ 从 4 增加到 20。这个设置满足本章模型中的假设。

图 6-1 显示了投资成本系数的影响。投资成本系数对供应链的经济和环境绩效有负向影响，其中制造商利润、零售商利润、总投资水平和减排均随着投资成本系数增大而降低。

从图 6-1(a) 可以看出，零售商通过社会责任投资可以获得更高的利润，如 SR 和 BR 情景所示。特别是，当投资成本系数较高（如 $\lambda>5$）时，在 SR 情景下进行投资的零售商可以获得最大的利润。从图 6-1(c) 可以看出，制造商愿意向参与社会责任投资的零售商提供最低的批发价格。当投资成本系数较低时（如 $\lambda<5$），SR 场景下进行投资的零售商的利润低于 BR 场景下的零售商，因为他们的批发价格差距相对较小。有趣的是，我们观察到，在 SR 场景中，没有投资的零售商获得的利润比没有投资场景更高。这表明，由于其他主体的投资，零售商从需求刺激的溢出效应中获益。换句话

说，搭便车者可以利用其他零售商的社会责任投资来提高自己的利润。但从图 6-1(a) 可以看出，获益并不显著，尤其是在投资成本系数较高的情况下。此外，搭便车者获得的利润比进行社会责任投资的零售商要低。这是因为搭便车者的批发价比其他零售商高。

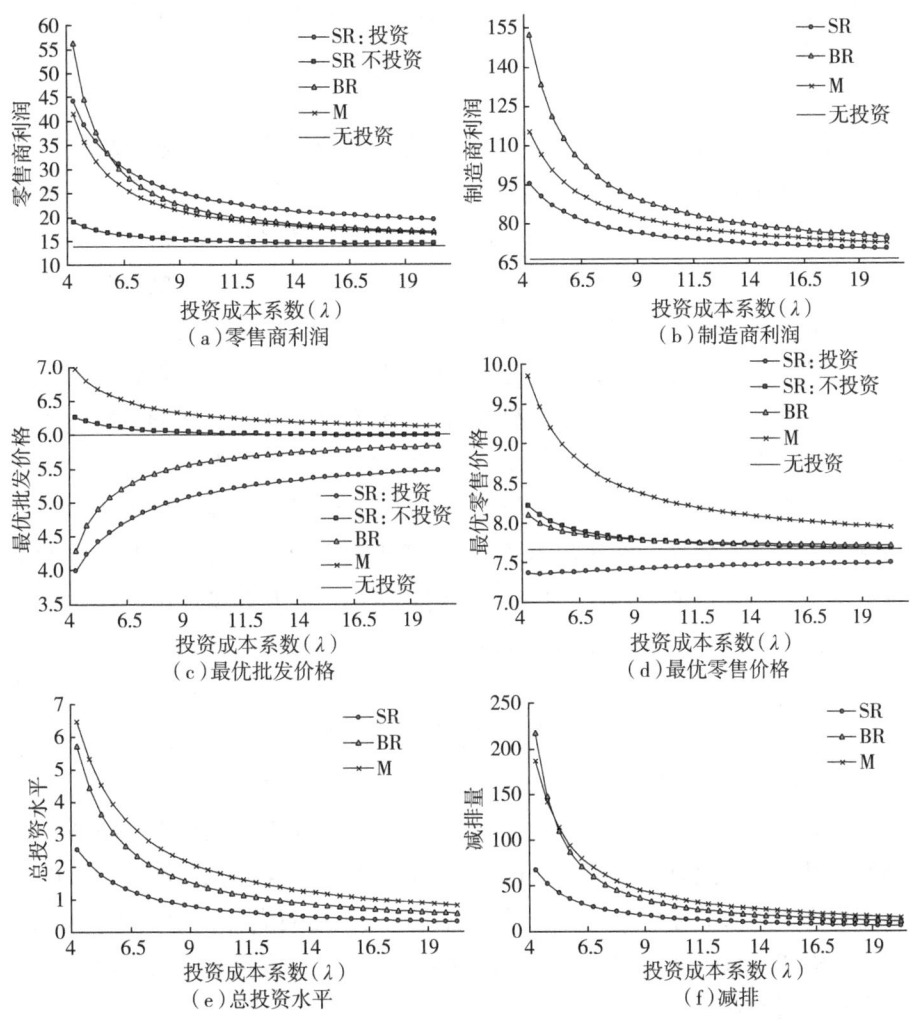

图 6-1　不同投资策略下 λ 的影响

图 6-1(b) 展现出了 3 种情景下制造商利润的关系，证实了定理 5 的结果。此外，SR 场景下的制造商利润低于 M 场景下的制造商利润，但高于无投资场景下的制造商利润。从图 6-1(c) 可以看出，不同情景下，投资成本系数对批发价格的影响是不同的。进行（不进行）社会责任投资的零售商的

批发价格随着投资成本系数增加而增加（减少）。然而，进行社会责任投资的零售商的批发价格总是低于不投资社会责任的零售商的批发价格。因此，投资社会责任的零售商的利润要高于没有投资社会责任的零售商，如图 6-1(a) 所示。图 6-1(d) 显示了这些场景之间的零售价格关系。M 情景下的零售价格最高，SR 情景下进行投资的零售商的零售价格最低，其他情境下的价格都在这两个值之间。这主要是由图 6-1(c) 所示的批发价格决定的。

图 6-1(e) 和图 6-1(f) 展示了 3 种情景下供应链的环境绩效。M 情景下的总投资水平最高，但 M 情景下的减排并不总是最多的。当投资成本系数较低时，M 情景下的减排要低于 BR 情景，这是因为此时 BR 情景下的订单量大于 M 情景下的订单量。当只有一个零售商参与社会责任投资时，总投资水平和减排水平在 3 种情景下均最低。换句话说，从环境的角度来看，在大多数情况下，也即投资成本不是很小的情况下，最好由制造商自己投资社会责任。此外，两个零售商共同投资的环境绩效优于单一零售商投资的环境绩效。结合图 6-1(a) 和图 6-1(b) 的观察，M 情景下制造商的利润和零售商的利润都小于 BR 情景，本节发现，在大多数情况下，经济最优性和环境最优性不能同时实现。然而，当两个零售商都进行社会责任投资时，如果投资成本系数很小（如 $\lambda<5$），则有可能同时达到经济和环境最优。在这种情景中，制造商利润、零售商利润和减排均最高。

此外，从消费者的角度来看，图 6-1(d) 和图 6-1(e) 表明，产品的投资水平越高，消费者支付的零售价格也越高。例如，当制造商进行社会责任投资时，投资水平和零售价格均最高；当只有一个零售商进行社会责任投资时，投资水平和零售价格均最低。这意味着投资成本在一定程度上转移到了消费者身上。当只有一个零售商投资时，由于投资成本降低，消费者通过购买零售价格更低的绿色产品而获益。然而，当制造商进行社会责任投资时，因为投资成本系数降低时，零售价格就会上升，所以投资水平的降低并不总是有利于消费者。

为了验证环境节税系数的影响，设定 $\lambda=8$，将 t 设置在 $0.01\sim0.6$ 范围。这个设定也满足本章模型中的假设。结果如图 6-2 所示。

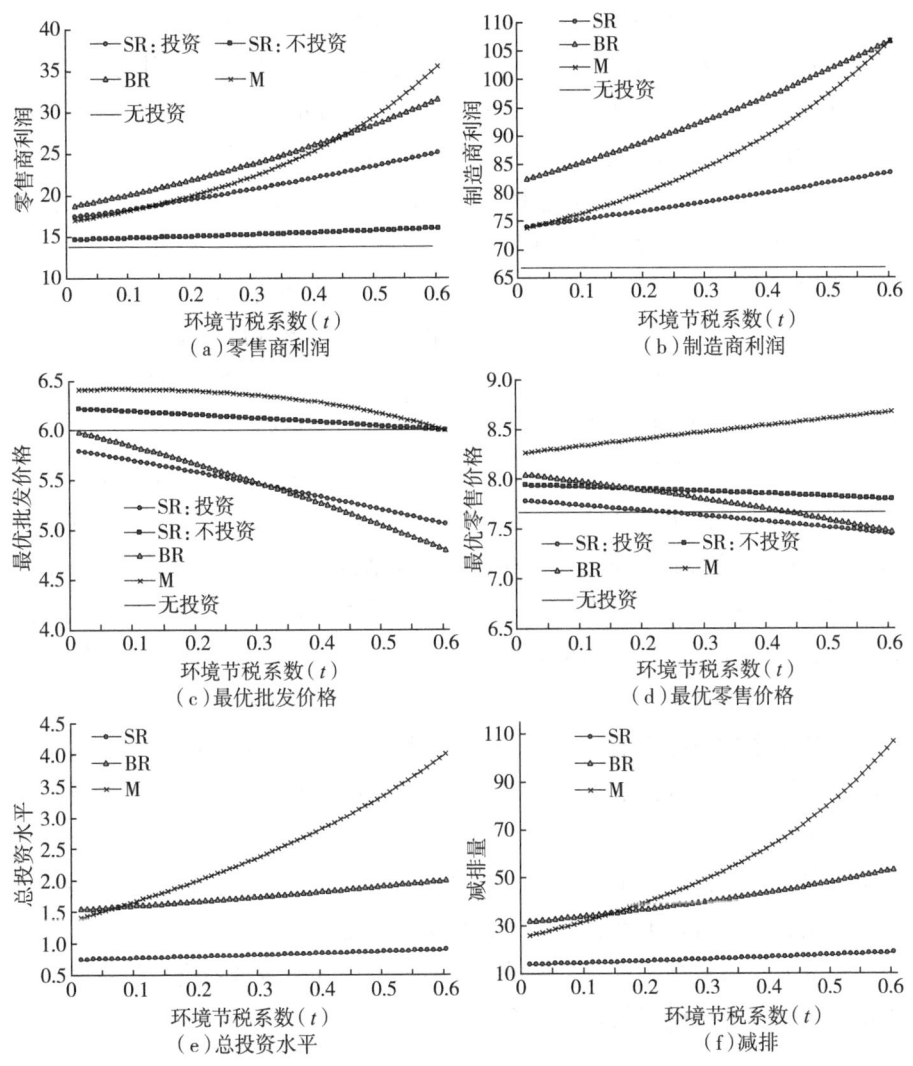

图 6-2 不同投资情景下 t 的影响

环境节税系数对供应链的经济绩效和环境绩效有正向影响,其中制造商利润、零售商利润、总投资水平和减排都随着环境节税系数增加而增加。

与图 6-1(a) 的结果相似,从图 6-2(a) 可以看出,投资的溢出效应是存在的,但影响是有限的,即搭便车者的利润可以通过其他零售商的投资来提高,但提高并不显著。在其他情况下,对零售商的利润进行比较更为复杂。可以发现,当环境节税系数不是很小时,即 $t>0.1$,M 情景下零售商的利润高于 SR 情景下投资社会责任的零售商的利润。此外,当环境节税系数较大时，零售商的利润要高于 BR 情景，这与定理 5 的结果一致。这表明，当制造商投资社会责任时，环境税的节省对零售商利润的提高作用比其他情况下更显著。这是因为，在 M 情景下，虽然批发价格最高，但当环境节税系数增大时，零售商可以通过提高零售价格获得更高利润，如图 6-1(c) 和图 6-1(d) 所示。然而在其他情景下，零售价格随着环境节税系数增加而减小，这是因为环境节税系数对投资水平和订单量有正向影响，根据需求逆函数，投资水平和订单量对零售价格分别有正向影响和负向影响。因此，在投资水平和订单量的共同作用下，零售价格可能会随着环境节税系数增加或减少。从图 6-2(b) 可以看出，当制造商进行投资时，环境税对制造商的利润提升有显著的作用。这也主要是因为投资水平的递增效应。

图 6-2(e) 和图 6-2(f) 表明，当环境节税系数很小时，BR 情景下供应链的环境绩效要优于其他情景。从图 6-2(a) 和图 6-2(b) 可以看出，在 BR 情景下，制造商和零售商的利润都高于其他情景。与投资成本系数的影响相似，当两个零售商都进行投资时，如果环境节税系数很小，则有可能同时达到经济最优和环境最优。如果环境节税系数较大，则 M 情景下供应链的环境绩效优于其他情景。

从消费者的角度来看，从图 6-2(d) 和图 6-2(e) 可以看出，在大多数情况下，即环境节税系数不是很小时，产品的投资水平越高，消费者要支付的零售价格就越高。例如，当环境节税系数大于 0.07 时，制造商投资时的投资水平和零售价格均最高。此外，当零售商进行社会责任投资时，随着环境节税系数增加时，消费者可以通过购买价格更低的绿色产品从而收益。然而，环境节税系数高并不总是对消费者有利，因为当制造商进行投资时，零售价格随着环境节税系数增加上升。

第五节　本章小结

本章从产品数量和可持续性两个方面研究了零售商竞争下的两级供应链进行社会责任投资的问题。根据行业实例和文献，本章假设社会责任投资可以通过环境税收减免和刺激排放敏感性需求而受益。此外本章认为所有的供应链成员都可以选择进行社会责任投资。基于此，本章研究了以下 3 种情景：①制造商投资，即 M 情景；②两个零售商都投资，即 BR 情景；③只有一个零售商投资，即 SR 情景。本章首先推导出制造商和零售商的最优投资水平和运营决策。随后通过对不同情景下供应链的最优方案、经济和环境绩效的分析和实证比较，得出了一些管理见解。这些见解可帮助供应链成员在实际应用中做出投资社会责任的决策。本章将这些见解总结如下。

一、对制造商绩效的影响

从制造商的角度来看，由于在 BR 情景下制造商的利润最高，本章发现，制造商更愿意让两个零售商同时进行社会责任投资，因为其可以从零售商的投资中获益。此外，本章还观察到，SR 情景的制造商利润低于 M 情景，这表明，与只有一个零售商进行投资的情况相比，制造商更倾向于自己进行社会责任投资。这是因为，在 M 情形下，尽管制造商需要承担投资成本，但它可以向两个零售商收取较高的批发价格。

二、对零售商绩效的影响

有人可能会认为零售商也总是倾向于等待制造商进行投资。然而，本章证明事实并非如此。零售商可以通过投资于制造商的社会责任获得高额利润，这是因为制造商会向进行社会责任投资的零售商收取较低的批发价格。进一步，本章研究发现，SR 场景中的搭便车者获得的利润高于无投资场景。这表明，其他零售商的社会责任投资的溢出效应确实存在，搭便车者可以利用这些投资提高其利润。但是，在投资成本系数较高的情况下，溢出效应带来的利润提升并不显著。

三、对环境绩效的影响

从环境角度来看，在大多数情况下，即投资成本系数或环境节税系数不可忽略的情形，只有制造商进行社会责任投资时环境绩效最优。此外，BR 情景的环境绩效优于 SR 情景。如果投资成本系数或环境节税系数足够小，则有可能在 BR 情景下同时实现经济和环境最优，且所有供应链成员的利润和实现的减排量都高于其他情景。

四、对消费者的影响

从消费者的角度来看，在大多数情况下，环境节税系数不是很小时，产品的投资水平越高，消费者要支付的零售价格就越高。在大多数情况下，投资水平和零售价格在 M 场景中最高，而在 SR 场景中最低。这意味着投资成本在一定程度上转移到了消费者身上。此外，当制造商进行社会责任投资时，环境节税系数的增加或投资成本系数的降低并不总是有利于消费者，因为零售价格随着环境节税系数增加而增加，随着投资成本系数增加而减少。

未来研究还可以从以下方面进行拓展：第一，在本章的模型中，我们假设需求是确定的，因此需求与供给可以实现较好的匹配。在未来的研究中，可以将需求不确定性纳入模型中。第二，本章认为制造商或零售商选择进行社会责任投资。在未来的研究中，可以考虑他们同时进行社会责任投资的情形。第三，本章考虑的是单一类型的环保产品。在未来的研究中，可以考虑在一个竞争激烈的市场中，有多个零售商销售多种类型的环保产品的情景。第四，本章考虑由一个制造商和两个零售商组成的供应链。在未来，可以通过考虑多个制造商和零售商的供应链来扩展本章的研究。

第四篇
供应链企业社会责任投资激励与协调机制研究

本篇主要在绿色发展背景下,研究了契约设计和政府补贴对供应链企业社会责任投资和运营决策的影响。该篇基于论文 *Value of Bargaining Contract in a Supply Chain System With Sustainability Investment：An Incentive Analysis* 的研究成果,考虑了政府直接补贴(如现金拨款)和间接补贴(如提高环境税率)对于减少碳排放总量的有效性,先以供应链上下游不同投资主体为基础模型,研究传统批发价格契约下的最优定价与社会责任投资决策,随后构建两部制收费契约、收益共享契约与议价契约中的社会责任投资模型,并分析供应链协调机制。

第七章 契约设计在供应链企业社会责任投资中的作用研究

第一节 引 言

投资减排项目是企业进行社会责任投资的重要手段之一。作为导致全球气候变暖的重要原因之一，近年来，碳排放等社会责任问题受到了消费者和各国政府的高度关注（Choi，2013a；Wang et al.，2015）。在过去的10年中，全球各国政府都制定了不同的政策以减少碳排放量（Niu et al.，2017）。例如，中国政府给予使用热能回收（HER）清洁技术的制造商直接补贴（如一次性现金拨款）（Shen et al.，2017）；法国政府则采用了较为间接的补贴方式，2018年，法国企业必须支付44.6欧元/吨的碳税，且预计未来这一税率将会持续提高（Felix et al.，2017）。此外，消费者也越来越意识到环境保护与社会责任投资的重要性，这种环保意识也影响了他们的购买决策（Choi et al.，2018）。据报道，超过半数的美国和欧洲顾客愿意支付更高的价格购买带有环保标志的绿色产品（Bemporad et al.，2007；European Commission，2008；Zhang et al.，2015）。

从实践观察和企业披露的可持续发展报告中可以发现，制造商和零售商具备通过投资各种环保减排项目减少环境污染的动机。例如，Gap和H&M的上游服装制造商——晶苑国际集团有限公司不仅投资了环境工程项目，还在生产过程中使用了可再生能源（Crystal Group，2018）。兼具大型运动服装制造商和零售商角色的耐克公司，投资了位于美国的风电场，并承诺所用的电力均来自于可再生能源（Nike，2018）。苹果公司为中国6个省份的可再生能源项目提供资金，以减少其制造商的碳排放（Apple，2018），由于其制造商碳排放总量较小，所以可以享受较低的环境税。以上实践证据表明，制造商和零售商都承担着保护环境的责任，他们通过使用更清洁的技术、生产更多的环境友好型产品来实现对不同环保减排项目的投资（Toptal et al., 2014; Lam et al., 2016）。虽然进行社会责任投资成本高昂，但企业社会责任投资（例如通过环保设计提升产品性能、采用新能源及在生产过程中减少碳排放）是必要的。虽然前文展示的许多行业案例中制造商和零售商都进行了社会责任投资，但这些供应链企业社会责任投资背后的激励机制仍有待研究。

在上述行业实例和两种普遍采用的减少碳排放的补贴机制的激励下，本章研究了供应链社会责任投资的激励机制与契约设计，并探讨了政府直接补贴（如现金拨款）和间接补贴（如提高环境税率）对于降低碳排放总量的有效性。由于制造商和零售商都可能进行社会责任投资，这将影响整个供应链的经济与环境绩效，因此，本章旨在从供应链协调的角度来研究这个问题（Tong et al., 2016）。此外，在供应链系统中，相比基于斯坦伯格博弈模型的传统"一口价"契约，基于议价博弈理论的零售商与制造商协商决定契约具体条款的模式更为常见（Feng et al., 2013; Feng et al., 2012; Hsu et al., 2016; Qing et al., 2017; Yang et al., 2018）。为了强调企业之间关于社会责任投资的谈判，本章基于议价契约的模型框架，重点研究了以下几个问题：

①当制造商和零售商分别作为社会责任投资主体时，企业如何设定最优定价和社会责任投资水平？

②在消费者具备环保意识的情境下，基于企业进行社会责任投资的契约设计是否能实现供应链协调？

③制造商和零售商何时均有签订议价契约的动机？

④政府的直接补贴和间接补贴如何影响社会责任投资和环境绩效？

为了回答这些问题，本章考虑了由单一制造商和零售商组成的两级供应链。基于实际观察，由于消费者具有环保意识，制造商和零售商均有意愿进行社会责任投资。本章首先构建模型并推导了在批发价格契约下，制造商或零售商分别投资减排项目时的最优定价和社会责任投资水平。本章继而聚焦收益共享契约和两部制收费契约，探究了两种契约下的供应链经济与环境绩效。研究发现，当企业进行社会责任投资且消费者具有环保意识时，两种契约均无法实现供应链协调。鉴于此，本章考虑了议价契约（Bargaining Contract）并得到以下结论：首先，无论制造商还是零售商投资减排项目，供应链都能实现协调且整体社会责任投资水平提高；其次，供应链成员是否签订契约取决于企业议价能力——当制造商的议价能力在一定范围内时,可以实现帕累托改进。

在消费者具有环保意识且供应链企业均有意愿进行社会责任投资的背景下,本章通过对社会责任投资的议价契约进行研究从而对现有文献做出了贡献。此外,本章还可以评估政府补贴政策在促进社会责任投资以减少碳排放方面的有效性。本章的结果表明,直接和间接补贴都能促进社会责任投资水平的提高。然而,直接或间接补贴是否有助于减少碳排放总量将取决于补贴之前的最初社会责任投资水平。这是因为,当企业进行社会责任投资且消费者具有环保意识时,虽然单位产品碳排放将减少,但是产品的总体需求将会增加。因此,补贴并不总是一个有效的减少碳排放总量的手段。

本章其余部分安排如下:第二节建立了本章的基本决策模型;第三节基于批发价格契约推导了供应链各投资主体的最优定价和社会责任投资水平;在第四节中,首先考察分析了两部制收费契约和收益共享契约下的供应链经济与环境绩效,随后研究了议价契约下的供应链协调问题;在第五节剖析了议价契约的影响机制;在第六节分析了政府直接补贴和间接补贴的有效性;第七节讨论了管理启示并对全章进行了总结。所有证明见附录 E。

第二节 模型框架

本章考虑了由单一制造商和零售商组成的两级供应链。制造商以单位生产成本 c 生产单一类型产品。最初,制造商根据批发合同将产品卖给零售商,而不做额外的社会责任投资。零售商以单位批发价格 w 向制造商购买产品,然后以单位价格 p 在市场上卖给消费者。基于斯坦伯格模型,制造商和零售商决定顺序如下:制造商首先确定单位批发价格 w,然后零售商确定单位销售价格 p。为了避免琐碎的结果,假定 $p>w>c$。

从前文所述的现实行业案例中可以观察到,制造商(晶苑国际集团和耐克公司)和零售商(苹果公司)在各类环保减排项目上进行了投资。因此,本章将考虑供应链各主体在减排方面的社会责任投资决策。其投资动因主要有两点:第一,社会责任投资可以通过环保设计提升产品性能,同时使企业能够采用新能源,减少生产过程中的碳排放。因此,从制造商的角度来看,它有助于节省相应的部分环境税收成本(Li et al., 2016; Shi et al., 2017;

Dong et al.，2016；Swami et al.，2013）。第二，具有环保意识的消费者更愿意购买环保类绿色产品，因此，从零售商的角度来看，社会责任投资将获得此类消费者青睐，从而提高市场需求（Li et al.，2016；Chen et al.，2017）。

不失一般性地，无论是制造商本身还是零售商对其上游进行的社会责任投资，均可以减少制造商的碳排放量，为其节约相应的环境税收成本。根据Krass等（2013），本章将排放单位污染物所需承担的环境税率记为t，将社会责任投资水平记为e，其由单位碳排放量和社会责任投资量决定。为简单起见，本章假设最初的社会责任投资为零，即$e_0=0$。因此，将企业由于社会责任投资带来的单位产品环境税的减免记为$T(e)=-te$。另一方面，由于消费者有环保意识，社会责任投资与市场需求之间存在正向的影响，消费者根据效用函数做出购买决定。根据文献，令随机变量v为消费者对产品的估值，该估值是消费者愿意为该产品支付的最大价格，假设该估值是均匀分布的，即$v\sim Unif(0,1)$。为了刻画社会责任投资和零售价格对需求的联合影响，本章考虑以下消费者效用函数：$u=v-p+\gamma e$。其中γ表示消费者对产品环保属性的敏感性系数。如果效用函数为负值，没有消费者会购买产品；反之，若效用为正，消费者将购买产品。不失一般性地，本章将市场规模标准化为1，消费者需求D被定义为购买产品的消费者的比例，其等价于消费者效用为正的概率。因此，需求函数可以写成以下形式：$D(e,p)=Prob\{u=v-p+\gamma e>0\}=1-p+\gamma e$。在Dong等（2016）与Swami等（2013）中可以发现类似的需求函数处理，以刻画社会责任投资对需求具有正向作用。这里，有效零售价格的范围是$p\in[\gamma e,1+\gamma e]$。如果$p<\gamma e$，则所有的消费者都会愿意购买该产品。因此，在市场规模固定的条件下，零售商没有动机设定一个低于γe的零售价格。而如果$p>1+\gamma e$，则$D(e,p)<0$。由于考虑社会责任投资对需求的正向影响，零售价格的上界变成$1+\gamma e$。本章假定市场需求是确定的，因此零售商的订货量等于市场需求。

参考Dong等（2016），供应链成员进行社会责任投资时发生的社会责任投资成本定义为：$I(e)=\lambda e^2(e\geqslant 0)$，这意味着边际投资成本随社会责任投资水平升高而增大。社会责任投资水平越高，投资者为提高一个单位的减排努力水平所额外付出的成本就越高。除了企业进行社会责任投资外，这种形式的投资成本函数在对其他方面进行投资的文献中也被广泛使用，如再制造过程中的回收（Savaskan et al.，2006）和产品质量改进（Li et al.，2013）。

为了避免不重要结果的重复讨论，本章假设投资成本的系数足够大，即 $\lambda \geqslant (\gamma+t)^2/2$ (Dong et al., 2016)。

定义上标号 $i \in \{M, R\}$，$i=M$ 时代表制造商进行社会责任投资，$i=R$ 代表零售商进行社会责任投资。特别地，当企业 i 进行社会责任投资时，以 π_R^i 和 π_M^i 分别为零售商和制造商的利润。根据不同投资主体的分类，需讨论以下两种情况。在第一种情况中，制造商进行社会责任投资，零售商与制造商的利润如下所示：

$$\pi_R^M(p) = (p-w)D(e,p) = (p-w)(1-p+\gamma e)。 \quad (7-1)$$

$$\pi_M^M(w,e) = (w-c-T(e))D(e,p) - \lambda e^2$$
$$= (w-c+te)(1-p+\gamma e) - \lambda e^2。 \quad (7-2)$$

在第二种情况中，零售商进行社会责任投资，零售商与制造商的利润如下所示：

$$\pi_R^R(p,e) = (p-w)D(e,p) - \lambda e^2$$
$$= (p-w)(1-p+\gamma e) - \lambda e^2。 \quad (7-3)$$

$$\pi_M^R(w) = (w-c-T(e))D(e,P)$$
$$= (w-c+te)(1-p+\gamma e)。 \quad (7-4)$$

此外，为了进一步研究供应链协调问题，记 π_I 为集成供应链的利润，并将其作为整个供应链利润最大化的基准。给定社会责任投资水平与零售价格，集成供应链的利润如下所示：

$$\pi_I(p,e) = (p-c-T(e))D(e,p) - \lambda e^2$$
$$= (p-c+te)(1-p+\gamma e) - \lambda e^2。 \quad (7-5)$$

第三节 批发价格契约下的最优决策分析

本章考虑供应链成员签订批发价格契约并按序贯博弈做出决策的场景。制造商首先决定最优批发价格和最优社会责任投资水平（如有），然后零售商在给定批发价格的基础上决定最佳零售价格和最佳社会责任投资水平（如有）。

首先考虑一个特例，在此特例中，供应链成员仅签订传统批发价格契约，但不进行任何社会责任投资，即令社会责任投资等于零，此时零售商和制造商的最优利润、最优零售价格和最优批发价格分别记为 π_R^0、π_M^0、p^0 和

w^0。通过求解易得到：

$$\pi_R^0 = \frac{1}{16}(1-c)^2,$$

$$\pi_M^0 = \frac{1}{8}(1-c)^2,$$

$$p^0 = \frac{3}{4} + \frac{1}{4}c,$$

$$w^0 = \frac{1}{2} + \frac{1}{2}c,$$

本章视该情况为基准情形。

继而将研究由供应链中不同成员进行社会责任投资的批发价格契约，并与基准进行比较。设 w_i、e_i 和 p_i 分别为企业 i 进行社会责任投资时的最优批发价格、最优社会责任投资水平和最优零售价格，其中 $i \in \{M, R\}$。

引理 7.1 在批发价格契约下得到以下结果：

①当由供应链中不同主体进行社会责任投资时，在分散供应链系统中，最优批发价格、最优社会责任投资、最优零售价格及相应的利润如表 7-1 所示。

②不论零售商还是制造商进行社会责任投资，最终二者的利润均会增加，即 $\Pi_R^i > \pi_R^0$ 和 $\Pi_M^i > \pi_M^0$。

表 7-1 批发价格契约下进行企业社会责任投资的最优解

	制造商进行投资（$i=M$）	零售商进行投资（$i=R$）
w^i	$c + \dfrac{(4\lambda - t^2 - \gamma t)(1-c)}{8\lambda - (\gamma + t)^2}$	$c + \dfrac{[4\lambda - \gamma(\gamma + 2t)](1-c)}{8\lambda - 2\gamma(\gamma + t)}$
e^i	$\dfrac{(\gamma + t)(1-c)}{8\lambda - (\gamma + t)^2}$	$\dfrac{\gamma(1-c)}{8\lambda - 2\gamma(\gamma + t)}$
p^i	$c + \dfrac{(6\lambda - t^2 - \gamma t)(1-c)}{8\lambda - (\gamma + t)^2}$	$c + \dfrac{[6\lambda - \gamma(\gamma + 2t)](1-c)}{8\lambda - 2\gamma(\gamma + t)}$
Π_M^i	$\dfrac{\lambda(1-c)^2}{8\lambda - (\gamma + t)^2}$	$\dfrac{\gamma(1-c)^2}{8\lambda - 2\gamma(\gamma + t)}$
Π_R^i	$\dfrac{4\lambda^2(1-c)^2}{[8\lambda - (\gamma + t)^2]^2}$	$\dfrac{\lambda(4\lambda - \gamma^2)(1-c)^2}{4[4\lambda - \gamma(\gamma + t)]^2}$

引理 7.1 总结了当制造商或零售商其中一方进行社会责任投资时的最优批发价格、最优社会责任投资水平和最优零售价格。通过观察，很显然，两种情况下的最优定价和最优社会责任投资决策是不同的。此外，引理 7.1 还

表明两个主体都有动机进行社会责任投资以提高利润。

另外，基于利润函数，在式（7-5）中得到了集成供应链的最优零售价格、最优社会责任投资水平和最优利润，结果如引理 7.2 所示。

引理 7.2 对于集成供应链来说，最优零售价格为 $p^I = c + [((2\lambda - t^2 - t\gamma)(1-c))/(4\lambda - (\gamma+t)^2)]$，最优社会责任投资水平为 $e^I = [((\gamma+t)(1-c))/(4\lambda - (\gamma+t)^2)]$，集成供应链最优利润为 $\Pi^I = [(\lambda(1-c)^2)/(4\lambda - (\gamma+t)^2)]$。

引理 7.2 揭示了集成供应链系统中的最优定价和最优社会责任投资水平。通过比较引理 7.1 与引理 7.2，得到标注 7.1。

标注 7.1 当把企业社会责任投资纳入考虑时，批发价格契约无法实现供应链协调。

标注 7.1 表明，无论供应链中哪个主体投资环保减排项目，批发价格契约均不能实现供应链协调。

第四节 企业社会责任投资与供应链协调契约设计

本章通过战略联盟契约研究了当供应链成员投资于减排项目时的供应链协调问题。在供应链协调的情况下，供应链成员的行为方式将以整个供应链的总利润最大化为目标（Cachon，2003）。由于现有文献考虑社会责任投资问题时较常采用两部制收费契约和收益共享契约，因此，本章首先研究这两类契约是否有助于供应链协调（Dong et al.，2016；Swami et al.，2013）。

受篇幅制约，两种契约下制造商和零售商的利润函数请参见附录 E。通过比较两部制收费和收益共享契约下的最优决策和相应利润分析供应链协调问题，本章提出定理 7.1。

定理 7.1 在企业社会责任投资情境下，无论是两部制收费契约还是收益共享契约均不能实现供应链协调。

定理 7.1 表明，无论由供应链哪个主体进行社会责任投资，两部制收费契约和收益共享契约都无法实现供应链协调。该结果是反直觉的，但仍可用企业进行社会责任投资的动机来解释。当零售商进行社会责任投资时，可从更高的需求中受益；而当制造商对社会责任进行投资时，可以从更高的需求和更少的环境税收中受益。尽管制造商比零售商更有动力对社会责任进行投资,但如为协调这两种契约下的供应链,制造商只能以低于产品成本的批发价供应产品,最终无法实现双方共赢。因此,在两部制收费契约或收益共享契约下,无法实现供应链协调。

由于上述两类常用契约无法实现供应链协调,本章考虑基于议价契约模型框架,采用纳什议价模型(Nash,1950)研究协调机制。在考虑企业社会责任投资的议价契约中,制造商和零售商就利润分配进行谈判。值得注意的是,企业就利润分配进行谈判的假设是常见的(Feng et al.,2012)。为了对议价过程进行建模,本章定义一个外生给定的变量 $\theta \in (0, 1)$ 以反映制造商的议价能力,相应地,$1-\theta$ 为零售商的议价能力。通过对利润分配的协商,二者确定最优零售价格 p 和社会责任投资水平 e,以使得零售商和制造商的预期利润最大化。这种议价可能产生两种结果:

① 达成利润分配协议,则制造商或零售商根据协商决定社会责任投资的水平(e),零售商决定零售价格(p)。

② 当出现分歧时,一方或双方都退出议价契约谈判,那么没有主体会进行社会责任投资,于是他们仅签订原始的批发价格契约。

由于无法保证供应链成员在议价过程中可以就合同条款达成一致,本章认为这种情况是对议价契约的拒绝,此时成员不进行社会责任投资,制造商与零售商仅签订原始的批发价格契约。不失一般性地,本章定义拒绝签订议价契约的阈值条件为 $f_R = \pi_R^0$ 和 $f_M = \pi_M^0$。如果零售商和制造商的利润低于这些阈值,他们都不会签订涉及社会责任投资的议价契约。

当企业 $i(i=M, R)$ 进行社会责任投资时,记 π_R^i 和 π_M^i 分别为零售商和制造商经过议价后的利润。在协调的情况下,由双重边际效应可知,零售商与制造商的利润之和(即 $\pi_R^i + \pi_M^i$)不会超过集成供应链的最优利润(Π^I)。记 $\Phi(e^i, p^i)$ 为议价契约下的纳什议价产品,则单位议价的可行利润分配集合为:

$$\Phi(e^i, p^i) = (\pi_R^i - f_R)^{1-\theta}(\pi_M^i - f_M)^\theta 。 \tag{7-6}$$

与 Feng 和 Lu(2012)类似,该议价契约问题符合定义,通过求解下面的优化问题可得到议价问题的最优决策:

$$\max\{\Phi(e^i, p^i)\} = \max\{(\pi_R^i - f_R)^{1-\theta}(\pi_M^i - f_M)^\theta\},$$

$$\text{s. t.} \begin{cases} \pi_R^i + \pi_M^i \leqslant \Pi^I, \\ \pi_R^i \geqslant f_R, \\ \pi_M^i \geqslant f_M 。 \end{cases}$$

引理 7.3 议价契约将导致如下所示的利润分配：

$$\pi_R^i = (1-\theta)(\Pi^I - \pi_M^0) + \theta\pi_R^0 \text{。} \quad (7-7)$$

$$\pi_M^i = \theta(\Pi^I - \pi_R^0) + (1-\theta)\pi_M^0 \text{。} \quad (7-8)$$

引理 7.3 表明了经过议价后供应链利润如何在制造商和零售商之间进行分配。本质上看，Π^I 是零售商和制造商分配的"利润蛋糕"，优化问题则变成了由供应链成员议价能力决定的利润分配问题。可以看到，无论由哪位供应链成员进行社会责任投资，社会责任投资水平和零售价格与集成供应链的结果均一致（即 $e^R = e^M = e^I$，$p^R = p^M = p^I$）。这是因为，为了协调供应链，使整个供应链的利润最大化，两个供应链成员都需要与集成供应链中决策一致。这一结果使本章能够定义统一的符号来代表议价后的社会责任投资水平和零售价格。因此，在下文中，无论哪个成员进行社会责任投资，在后文中均采用 e^I 和 p^I 分别代表基于议价契约的社会责任投资水平和零售价格。由式（7-7）和式（7-8），议价后利润分配的性质如标注 2 所示。

标注 7.2 供应链成员议价后的利润分配与具体由供应链哪位成员进行社会责任投资无关。

标注 7.2 表明，无论哪个供应链主体进行社会责任投资，制造商和零售商的最优利润不变。这是因为制造商和零售商在议价后会达成协议共享整个供应链的利润，而利润的共享取决于他们的议价能力，而不是他们是否进行了社会责任投资。

标注 7.3 在议价契约下，制造商和零售商共享集成供应链的利润。这意味着考虑企业社会责任投资，无论制造商还是零售商进行社会责任投资，议价契约均能实现供应链协调。

用 Π_R^B 和 Π_M^B 分别表示在议价契约下分配后的零售商和制造商各自的利润。根据标注 7.2 可得 $\Pi_R^B = \pi_R^i$，$\Pi_M^B = \pi_M^i$。然后将 Π^I，π_M^0，π_R^0 的值代入式（7-7）和式（7-8），得到推论 7.1。

推论 7.1 给定最优决策，零售商与制造商基于议价契约的利润分配为：

$$\Pi_R^B = (1-\theta)\left[\frac{\lambda(1-c)^2}{4\lambda-(\gamma+t)^2} - \frac{3(1-c)^2}{16}\right] + \frac{1}{16}(1-c)^2,$$

$$\Pi_M^B = \theta\left[\frac{\lambda(1-c)^2}{4\lambda-(\gamma+t)^2} - \frac{3(1-c)^2}{16}\right] + \frac{1}{8}(1-c)^2 \text{。} \quad (7-9)$$

推论 7.1 揭示了在给定的最优决策后，供应链利润如何根据议价契约进行分配。推论 7.1 表明，当根据议价契约进行利润分配时，零售商（制造商)的利润会随制造商的议价能力 θ 递减(递增)。因此,对于 $\theta \in (0, 1)$ 的不同取值,零售商和制造商的利润范围可以表示为:

$\Pi_R^B \in [((1-c)^2/16), ((1-c)^2(4\lambda+(\gamma+t)^2))/(8(4\lambda-(\gamma+t)^2))]$,

$\Pi_M^B \in [((1-c)^2/8), ((1-c)^2(12\lambda+(\gamma+t)^2))/(16(4\lambda-(\gamma+t)^2))]$。

第五节 议价契约的影响机制

为了更好地理解供应链成员是否倾向于采用议价契约,本章比较了议价契约和批发价格契约两种情况下的社会责任投资水平和供应链成员的利润。首先,本章比较了3种情况下的社会责任投资:①零售商通过批发价格契约进行社会责任投资;②制造商通过批发价格契约进行社会责任投资;③供应链主体中的一方通过议价契约进行社会责任投资。值得注意的是,在签订议价契约后,投资者在分散供应链下的社会责任投资水平与在集成供应链下的社会责任投资水平是相等的。通过分别比较零售商和制造商在批发价格契约下的社会责任投资,本章得到定理7.2。

定理 7.2 如果 $\lambda \geqslant [(\gamma(\gamma+t)^2)/8t]$,那么 $e^I > e^M \geqslant e^R$;反之,则 $e^I > e^R > e^M$。

定理7.2表明,在议价契约下,供应链的社会责任投资水平总是最高的。换言之,制造商和零售商一旦签订议价契约,他们社会责任投资水平就会提高。如果他们采用批发价格契约,那么当且仅当投资成本 λ 超过阈值 ($\lambda \geqslant \gamma(\gamma+t)^2/8t$) 时,制造商将比零售商进行更多的社会责任投资。这意味着在批发价格契约中,当投资成本较大时,制造商愿意为社会责任做出比零售商更多的投资。

接下来,本章比较了制造商和零售商的利润及他们在何种情况下具备签订议价契约的动机。首先,讨论制造商使用批发价格契约进行社会责任投资的情景,并定义以下关于供应商议价能力 θ 的阈值:

$$\theta_1^M = \frac{4\lambda-(\gamma+t)^2}{8\lambda-(\gamma+t)^2},$$

$$\theta_2^M = \frac{48\lambda^2-12\lambda(\gamma+t)^2+(\gamma+t)^4}{[8\lambda-(\gamma+t)^2]^2}。$$

可得定理7.3。

定理7.3 如果 $\theta>\theta_1^M$,那么 $\Pi_M^B>\Pi_M^M$;反之,则 $\Pi_M^B\leqslant\Pi_M^M$。如果 $\theta<\theta_2^M$,那么 $\Pi_R^B>\Pi_R^M$;反之,则 $\Pi_R^B\leqslant\Pi_R^M$。

定理7.3指出,制造商和零售商是否有签订议价契约的动机取决于他们的议价能力水平。当制造商进行社会责任投资时,当且仅当该制造商的议价能力高于阈值(即 $\theta>\theta_1^M$)时,制造商有意愿签署议价契约。另一方面,当且仅当制造商的议价能力低于一个阈值(即 $\theta<\theta_2^M$)时,零售商愿意签署议价契约。这是因为,在议价契约下,制造商的利润随着其议价能力提升而增大,但零售商的利润随着制造商的议价能力提升而减少。

接下来,本章继续讨论零售商通过批发价格契约为社会责任进行投资的情景。同样地,定义以下阈值:

$$\theta_1^R = \frac{4\lambda-(\gamma+t)^2}{8\lambda-2\gamma(\gamma+t)},$$

$$\theta_2^R = \frac{48\lambda^2-32\lambda\gamma(\gamma+t)+3\gamma^2(\gamma+t)^2+4\lambda\gamma^2+4\lambda(\gamma+t)^2}{4(4\lambda-\gamma(\gamma+t))^2}。$$

通过比较得到定理7.4。

定理7.4 如果 $\theta>\theta_1^R$,那么 $\Pi_M^B>\Pi_M^R$,反之,则 $\Pi_M^B\leqslant\Pi_M^R$。如果 $\theta<\theta_2^R$,那么 $\Pi_R^B>\Pi_R^R$,反之,则 $\Pi_R^B\leqslant\Pi_R^R$。

定理7.4的结果与定理7.3的结果相似。当零售商进行社会责任投资时,当且仅当制造商的议价能力高于(低于)一个阈值,即 $\theta>\theta_1^R$($\theta<\theta_2^R$)时,制造商(零售商)愿意签订议价契约。这是由于制造商和零售商的利润与他们的议价能力水平相关联的单调属性。

比较定理7.3和定理7.4的结果,本章得到推论7.2。

推论7.2 关于议价契约的价值和激励机制,本章得到以下结果:

①如果制造商进行社会责任投资,在 $\theta\in[\theta_1^M,\theta_2^M]$ 条件下签订议价契约对制造商和零售商都有利。

②如果零售商进行社会责任投资,在 $\theta\in[\theta_1^R,\theta_2^R]$ 条件下签订议价契约对制造商和零售商都有利。

推论7.2表明,当制造商进行社会责任投资时,制造商的议价能力在 $\theta\in[\theta_1^M,\theta_2^M]$ 范围内,或零售商进行社会责任投资时其议价能力在 $\theta\in[\theta_1^R,\theta_2^R]$ 范围内时,可以实现帕累托改进。值得一提的是,如果没有议价契约,制造商(或零售商)的利润在制造商或零售商进行投资的情况下是不同的。因此,虽然采用议价契约后,利润分配独立于投资主体,两种情况下实现帕累托改进的供应链的议价能力范围不同。

第六节 直接和间接补贴对环境绩效的影响

在过去的 10 年里,世界各国政府都实施了各种类型的补贴政策,鼓励企业减少碳排放,以减轻给环境带来的负面影响。例如,在中国,当一家企业采用更清洁的技术来减少碳排放时,政府会提供直接补贴,如现金补贴(Shen et al.,2017)。换言之,向企业提供这样的补贴方案将降低企业减排项目的投资成本。因此,提供直接补贴就是降低投资成本系数 λ 以促进企业社会责任投资。例如,如果本章定义单位企业社会责任投资的直接补贴为 $\Delta\lambda>0$。得到直接补贴后,投资成本变为 $\lambda-\Delta\lambda$。另一方面,社会责任投资带来的环境税减免经常被用来刺激企业减少碳排放量,这可以看作是一种间接形式的补贴用以促进企业进行社会责任投资(Felix et al.,2017)。这种间接补贴等同于提高环境税率 t,即单位产品通过社会责任投资带来的节税效应。同样,如果本章将 $\Delta t>0$ 定义为单位企业社会责任投资水平的间接补贴,那么采用间接补贴后,减排带来的单位排放污染物环境税减免为 $t+\Delta t$。本章研究了在企业进行社会责任投资时,直接和间接补贴对环境绩效的影响。

本章以碳排放总量作为衡量环境绩效的指标,其确定方法如下:

$$PE=b(e_0-e)D(e,p)=b(e_0-e)(1-p+\gamma e)。 \quad (7-10)$$

其中,e_0(此处非负)是投资于企业环保减排项目之前的企业初始社会责任投资水平,b 是碳排放的敏感性系数。$b(e_0-e)$ 为单位产品碳排放量,它表示当企业社会责任投资增加时,单位产品的碳排放减少量。

对于直接补贴,定义如下阈值:

$$\tilde{\theta}_0^I=\frac{(1-c)[8\lambda+(\gamma+t)^2]}{[4\lambda-(\gamma+t)^2](\gamma+t)},$$

$$\tilde{\theta}_0^M=\frac{(1-c)[16\lambda+(\gamma+t)^2]}{[8\lambda-(\gamma+t)^2](\gamma+t)},$$

$$\tilde{\theta}_0^R=\frac{4(1-c)[4\lambda+\gamma(\gamma+t)]}{[8\lambda-2\gamma(\gamma+t)](\gamma+t)}。$$

定理 7.5 直接补贴的结果如下:

①在所有情况下，提供直接补贴将带来更高的企业社会责任投资水平，即 e^R，e^M，e^I 随着 λ 增大而减小。

②对于情况 i （$i=I$；M；R），存在一个阈值 $\tilde{e}_0^i$，在此阈值 $e_0 \leqslant \tilde{e}_0^i$ 下，如果获得直接补贴，则总碳排放（即 PE^i）会相应减少。

定理 7.5 的①表明，当政府提供直接补贴（如现金补贴）时，无论制造商还是零售商进行社会责任投资，社会责任投资水平都会提高。定理 7.5 的②进一步回答在没有企业进行社会责任投资的情况下，直接补贴是否有助于减少碳排放总量取决于初始的社会责任投资水平。具体而言，当初始社会责任投资水平较低（即 $e_0 \leqslant \tilde{e}_0^i$）时，现金补贴会降低碳排放总量；反之，现金补贴会增加碳排放总量。这是因为现金补助降低了社会责任投资的成本。因此，社会责任投资将会增加。虽然生产每一件产品的碳排放量会减少，但总需求的增加将可能造成碳排放总量的增加。因此，通过直接补贴，碳排放总量不仅可能减少也可能增加。

关于间接补贴，本章定义以下阈值：

$$\widehat{e}_0^I = \frac{3(1-c)(\gamma+t)}{2[4\lambda-(\gamma+t)^2]},$$

$$\widehat{e}_0^M = \frac{(1-c)[8\lambda^2+\lambda(\gamma+t)+(\gamma+t)]}{8\lambda-(\gamma+t)^2},$$

$$\widehat{e}_0^R = \frac{2\lambda}{8\lambda-2\gamma(\gamma+t)}。$$

定理 7.6 间接补贴的结果如下：

①在所有情况下，提供间接补贴将带来更高的社会责任投资水平，即 e^R，e^M，e^I 随着 t 增加而增加。

②对于情况 i （$i=I$；M；R），存在阈值 $\widehat{e}_0^i$，在此阈值 $e_0 \leqslant \widehat{e}_0^i$ 下，如果获得间接补贴，则碳排放总量（PE^i）会相应减少。

定理 7.6 的①表明，当政府提供间接补贴（如提高环境税率）时，无论哪个主体进行社会责任投资，都将导致更高的社会责任投资水平，这个发现与直觉一致。定理 7.6 的②进一步讨论了在没有企业社会责任投资的情况下，间接补贴是否有助于减少碳排放总量取决于初始社会责任投资水平。具体而言，如果初始社会责任投资水平较低（$e_0 \leqslant \widehat{e}_0^i$），则提高环境税率会降低碳排放总量；反之，就会增加碳排放总量。这是因为更高的环境税率会增加社会责任投资水平，从而每一个产品的碳排放会减少，但需求会因更高的社会责任投资而增加。这导致了间接补贴对碳排放总量的非单调效应。与直接补贴类似，间接补贴并不总是减少碳排放总量的有效工具。

第七节　本章小结

本章旨在研究供应链成员投资于减排项目情境下的供应链协调问题，并深入探讨政府的直接和间接补贴对减少碳排放总量的有效性。具体而言，本章首先推导出在批发价格契约下，制造商或零售商分别进行社会责任投资时的最优定价和社会责任投资水平。然后本章考虑了3种不同供应链契约下的供应链协调问题，分别是两部制收费契约、收益共享契约和议价契约。在一定条件下，应用议价契约的供应链成员可以比应用批发价格契约获得更高的利润，投资水平也更高。最后，本章考察了直接补贴和间接补贴如何影响社会责任投资和碳排放相关的环境绩效。本章的分析结果产生了以下管理学启示。

一、社会责任投资与供应链协调

在批发价格契约中，制造商和零售商都愿意为提高自身利润而进行社会责任投资，但无法实现供应链协调。两部制收费契约、收益共享契约等常用供应契约亦无法实现供应链企业社会责任投资情境下的供应链协调。但在议价契约下，无论制造商还是零售商进行社会责任投资，总是能够实现供应链协调。

二、议价契约下的帕累托改进

制造商和零售商的议价能力会影响他们采用议价契约的动机。通过与批发价格契约比较，当制造商作为投资者且其议价能力在 $\theta \in [\theta_1^M, \theta_2^M]$ 范围内，或当零售商投资者为投资者且其议价能力在 $\theta \in [\theta_1^R, \theta_2^R]$ 范围内，可以实现帕累托改进。

三、政府补贴对社会责任投资的影响

如果政府实施直接补贴（如现金拨款）或间接补贴（如提高环境税率），将增加企业的社会责任投资水平。这一结果对监管机构具有启示作用，即直接补贴和间接补贴都能有效地刺激供应链成员进行更多的社会责任投资。

四、政府补贴对碳排放的影响

直接补贴和间接补贴对碳排放总量存在非单调效应。为减少污染而使用的直接补贴和间接补贴的有效性取决于投资者在社会责任投资之前所做的初始社会责任投入。具体而言，如果初始社会责任投资水平较低时，补贴方案可以帮助减少碳排放总量。反之，就会导致排放量增加而危害环境。简言之，直接补贴和间接补贴并不总是减少碳排放总量的有效工具。

本章存在一定的局限性，所以此部分对今后的研究方向进行了展望。首先，本章仅考虑了确定性需求的情况。在未来的研究中，本章可以将确定性需求扩展到考虑需求随机的情况。在文献中，Choi（2013b）在考虑税收因素的随机需求建模方面提供了很好的参考。其次，本章假设制造商或零售商中的一方对减排项目进行了投资。因此，未来的研究可以探讨制造商和零售商同时进行社会责任投资的情况。最后，本章中只有一个制造商和一个零售商。在未来的研究中，在竞争背景下研究供应链社会责任投资及供应链协调问题亦是具有理论与实际意义的。

第五篇
结论与展望

　　本篇旨在总结本书的主要研究内容，并对本书所研究问题的未来研究方向进行展望。本书的核心内容包括 3 个部分：第一部分聚焦于供应链权力结构对供应链企业社会责任投资的影响；第二部分聚焦于竞争环境下的供应链企业社会责任投资策略；第三部分研究契约设计对供应链企业社会责任投资与协调的作用机制。通过这 3 部分的分析，本书系统地研究了供应链企业社会责任投资策略与运营决策，希望未来有更多的学者投入到可持续运营和供应链管理的理论和实践工作中，为可持续运营和供应链管理理论与方法贡献力量。

第八章 本书总结

本书从供应链权力结构、供应链竞争环境、供应链协调机制等角度研究供应链的企业社会责任投资策略与运营决策问题。

前两个研究主题分析多类供应链权力结构下（制造商斯坦伯格 MS、垂直纳什 VN 和零售商斯坦伯格 RS）企业社会责任投资及相关运营策略问题。第三章研究随机需求下，在由单一制造商和单一零售商组成的二级供应链中，面对环境节税和消费者环境意识带来的需求增长效应，制造商有进行企业社会责任投资的动机，如提高绿色生产技术。研究发现，制造商可以通过开展企业社会责任投资获取收益，尤其是在供应链权力不对等的情况下。此外，序贯博弈下的减排效果最为显著。在此基础上，第四章研究零售商的企业社会责任投资策略及其对供应链可持续发展的贡献。零售商对供应链上游的企业社会责任投资不仅有利于减少制造商的碳排放，也有利于零售商增加具有环境意识的消费者需求。在确定性需求模型下，第四章将零售商竞争纳入研究，发现在不同的供应链权力结构下，零售商总是有动力对上游制造商进行企业社会责任投资。当投资成本较低、零售商权力较弱时，社会责任投资效果最显著。当投资成本相对较高时，供应链权力更高的零售商的投资决策取决于单位节税效应和需求增长效应。从环境角度来看，纳什博弈下两个零售商同时进行企业社会责任投资时的减排总量更多，对环境更有利。

在实践中，供应链竞争环境的影响不容忽视。在第五章中，企业社会责任投资可以作为应对供应链竞争的一种手段，我们考虑两个竞争制造商和共有供应商的社会责任投资决策，其中，竞争制造商的社会责任投资是相互替代的，而供应商和制造商的社会责任投资是互补的。竞争制造商通过企业社会责任投资做出最优的防御策略和市场进入策略。与垄断情境相比，双头垄断情形下供应链整体的社会责任投资水平减少。然而，随着制造商竞争强度的增加，竞争的负面效应会减弱。在此基础上，第六章更加全面地考虑了 3 种投资情境，投资行为主体分别为制造商、零售商双方或单一零售商，并从环境角度研究哪个供应链成员更应该进行社会责任投资，以及从经济角度研究哪个供应链成员在社会责任投资方面的动机更大。此外，供应链竞争严重抑制了供应链成员的社会责任投资动机。研究发现，制造商更倾向于选择两个零售商同时进行社会责任投资的情境。然而，零售商可能并不愿意让共有制造商进行社会责任投资。由于竞争零售商间的社会责任投资存在溢出效应，搭便车零售商的利润可以得到轻微提高。此外，两个零售商均进行社会责任投资时，所有供应链成员的利润和减排总量都高于其他情境下的水平，能够同时实现经济和环境最优。

进一步地，由于制造商和零售商都可能进行社会责任投资，因此，第七章从供应链企业社会责任投资激励与协调机制视角出发，研究契约设计和政府补贴对供应链企业社会责任投资和运营决策的影响。首先，以供应链上下游不同投资主体为基础模型，研究传统批发价格契约下的最优定价与企业社会责任投资水平；然后，构建两部制收费契约、收益共享契约与议价契约中的企业社会责任投资模型，并分析其中的供应链协调机制。研究发现，只有议价契约才能实现供应链协调，且只有当制造商的议价能力在特定范围内时才能实现帕累托改进。以上所有研究主题均讨论了模型结论的重要启示和管理意义。

最后，综合 5 个研究主题，对后期研究做出展望。首先，可以将给定的批发价格或零售价格作为决策变量，研究不同契约下的供应链协调机制；其次，考虑需求的不确定性，参考 Choi（2013b）在考虑税收因素的随机需求建模方法；最后，还可以将以上研究主题的模型拓展到更复杂环境中，如涉及多个零售商和制造商竞争和生产多种可持续产品。

供应链企业社会责任投资策略与运营决策的研究主题将供应链权力结构、供应链竞争环境、供应链协调机制这 3 个研究角度串联起来，层层递进，填补文献空白，并为后期研究奠定基础。

附 录

附录 A 第三章证明

引理 3.1 证明

由式（3-1）可知，给定 e，通过求解当需求函数为 $D=x+\beta e$（x 与投资水平无关且服从 $N(\mu,\sigma^2)$）的报童问题，可以得到零售商的最优订货量为 $Q_m=\mu+k\sigma+\beta e$，并将其代入式（3-2）可得到：

$$\Pi_m^m=(w-c+te)(\mu+k\sigma+\beta e)-\frac{\lambda}{2}e^2。$$

因为 $\frac{\partial^2 \Pi_m^m}{\partial e^2}=2\beta t-\lambda<0$，所以 Π_m^m 是关于 e 的凹函数，因此最优企业社会责任投资水平可由下列一阶导数解得：

$$\frac{\partial \Pi_m^m}{\partial e}=(w-c+te)\beta+(\mu+k\sigma+\beta e)t-\lambda e=0。$$

求解得到，$e_m=\dfrac{(\mu+k\sigma)t+\beta(w-c)}{\lambda-2\beta t}$，并将其代入 Q_m，可得到

$$Q_m=\frac{(\lambda-\beta t)(\mu+k\sigma)+\beta^2(w-c)}{\lambda-2\beta t}。$$

引理 3.2 证明

由式（3-1）可知，给定 e，通过求解报童问题，可以得到最优订货量为 $Q_n=\mu+k\sigma+\beta e$，并将其代入式（3-2）得到，$\frac{\partial^2 \Pi_n^m}{\partial e^2}=-\lambda<0$，即 Π_n^m 是关于 e 的凹函数，因此最优企业社会责任投资水平可由下列一阶导数解得：

$$\frac{\partial \Pi_n^m}{\partial e}=tQ-\lambda e=0。$$

求解得到，$e_n=\dfrac{tQ}{\lambda}$，并将其代入 Q_n，得到

$$Q_n = \frac{\lambda(\mu+k\sigma)}{\lambda-\beta t}, e_n = \frac{(\mu+k\sigma)t}{\lambda-\beta t}。$$

引理 3.3 证明

由式（3—2）得到，$\frac{\partial^2 \Pi_r^m}{\partial e^2} = -\lambda < 0$，即 Π_r^m 是关于 e 的凹函数，因此最优企业社会责任投资水平可由下列一阶导数解得：

$$\frac{\partial \Pi_r^m}{\partial e} = tQ - \lambda e = 0。$$

求解得到，$e_r = \frac{tQ}{\lambda}$，给定 e_r，得到 $D = x + \beta \frac{tQ}{\lambda}$，其中 x 与企业社会责任投资水平无关。由式（3—1）进一步求解报童问题，可以得到

$$Q_r = \frac{\lambda(\mu+k'\sigma)}{\lambda-\beta t},$$

并将其代入 e_r，得到

$$e_r = \frac{(\mu+k'\sigma)t}{\lambda-\beta t}。$$

定理 3.1 证明

（1）根据 $(\mu+k\sigma)t+\beta(w-c) > (\mu+k\sigma)t$ 与 $\lambda-2\beta t < \lambda-\beta t$，得到 $e_m > e_n$。

（2）根据式（3—8）和式（3—12）得到，

$$e_r - e_n = \frac{t\sigma(k'-k)}{\lambda-\beta t}。$$

此外，由于 $k' > k$，因此，$e_r > e_n$。

（3）根据式（3—4）和式（3—12）得到，

$$e_m - e_r = \frac{\beta t^2 \mu + [(\lambda-\beta t)k - (\lambda-2\beta t)k']t\sigma + (\lambda-\beta t)\beta(w-c)}{(\lambda-\beta t)(\lambda-2\beta t)}。$$

值得注意的是，$(e_m - e_r)$ 随 μ 递增。因此，令 $e_m = e_r$，得到

$$\hat{\mu} = \frac{[k'(\lambda-2\beta t) - k(\lambda-\beta t)]t\sigma - (w-c)\beta(\lambda-\beta t)}{\beta t^2}。$$

因此，当 $\mu \geq \tilde{\mu}$ 时，$e_m \geq e_r$，反之，则有 $e_m < e_r$。

定理 3.2 证明

（1）基于假设 $\lambda > 2\beta t$，根据式（3—3）和式（3—7）可以得到

$$Q_m - Q_n = \frac{\beta^2 t^2(\mu+k\sigma) + (\lambda-\beta t)\beta^2(w-c)}{(\lambda-\beta t)(\lambda-2\beta t)} > 0,$$

因此 $Q_m > Q_n$。此外，由于 $\lambda > \beta t$，可得 $Q_n > Q_0$。

(2) 根据式(3—7)和式(3—11)得到,
$$Q_r - Q_n = \frac{\lambda\sigma(k'-k)}{(\lambda-\beta t)}。$$

由于 $k'>k$,因此 $Q_r>Q_n$。

(3) 根据式(3—3)和式(3—11)得到,
$$Q_m - Q_r = \frac{\beta^2 t^2 \mu + [(\lambda-\beta t)^2 k - \lambda((\lambda-2\beta t)k')]\sigma + (\lambda-\beta t)\beta^2(w-c)}{(\lambda-\beta t)(\lambda-2\beta t)}。$$

值得注意的是,$(Q_m - Q_r)$ 随 μ 递增。因此,令 $Q_m = Q_r$,得到
$$\hat{\mu} = \frac{[k'\lambda(\lambda-2\beta t) - k(\lambda-\beta t)^2]\sigma - (w-c)\beta^2(\lambda-\beta t)}{\beta^2 t^2}。$$

因此,当 $\mu \geqslant \hat{\mu}$ 时,$Q_m \geqslant Q_r$,反之,则有 $Q_m < Q_r$。

定理 3.3 证明

(1) 由于
$$Q_m e_m - Q_n e_n =$$
$$\frac{[\beta^2(w-c) + \lambda(\mu+k\sigma)]\beta(w-c)}{(\lambda-\beta t)^2} + \frac{\beta t^2(\lambda^2 - \lambda\beta t - \beta^2 t^2)(\mu+k\sigma)^2}{(\lambda-\beta t)^2(\lambda-2\beta t)^2} > 0,$$

可以得到 $Q_m e_m > Q_n e_n$。

(2) 由于 $k'>k$,得到
$$Q_r e_r - Q_n e_n = \frac{\lambda t[(\mu+k'\sigma)^2 - (\mu+k\sigma)^2]}{(\lambda-\beta t)^2} > 0,$$

继而得到 $Q_r e_r > Q_n e_n$。由于当 $\mu > \hat{\mu}$ 时,$e_m \geqslant e_r$ 及 $Q_m \geqslant Q_r$,因此 $ER_m > ER_r$;而当 $\mu < \tilde{\mu}$ 时,可以得到 $e_r \geqslant e_m > e_n$ 及 $Q_r \geqslant Q_m > Q_n$,因此 $ER_m < ER_r$。

定理 3.4 证明

(1) 由于 $\beta > 0$,则 $\Pi_r^n > \Pi_r^0$ 显然成立。

(2) 由于 $e_m > e_n$,易得 $\Pi_r^m - \Pi_r^m - \Pi_r^n = (p-w)(e_m - e_n)$,即 $\Pi_r^m > \Pi_r^n$。

(3) 根据式(3—9)和式(3—13)得到,
$$\Pi_r^r - \Pi_r^n = (p-w)(e_r - e_n) + (p-s)[\varphi(k) - \varphi(k')]。$$

基于第 3 章的假设,$\varphi(k) > 0.5$ 且 $\varphi(k)$ 随 k 递减。因此,由于 $k'>k$ 及 $e_r > e_n$,则 $\Pi_r^r > \Pi_r^n$ 恒成立。

(4) 根据式(3—5)和式(3—13)得到,
$$\Pi_r^m - \Pi_r^r = \frac{(p-w)\beta\{\beta t^2\mu + [(\lambda-\beta t)k - (\lambda-2\beta t)k']t\sigma + (\lambda-\beta t)\beta(w-c)\}}{(\lambda-\beta t)(\lambda-2\beta t)} -$$
$$(p-v)[\varphi(k) - \varphi(k')]\sigma。$$

注意到 $(\Pi_r^m - \Pi_r^r)$ 随 μ 递增。因此，令 $\Pi_r^m = \Pi_r^r$，得到

$$\mu' = \frac{(p-v)(\lambda-2\beta t)(\lambda-\beta t)[\varphi(k)-\varphi(k')]\sigma + (p-w)\beta\{[k'(\lambda-2\beta t)-k(\lambda-\beta t)]\sigma - (w-c)\beta(\lambda-\beta t)\}}{(p-w)\beta^2 t^2}。$$

因此，当 $\mu \geq \mu'$ 时，$\Pi_r^m \geq \Pi_r^r$，反之，则有 $\Pi_r^m < \Pi_r^r$。

定理 3.5 证明

(1) 通过比较 Π_m^m 与 Π_m^n 可得，

$$\Pi_m^m - \Pi_m^n = (w-c)(Q_m - Q_n) + t(e_m Q_m - e_n Q_n) - \frac{\lambda}{2}(e_m + e_n)(e_m - e_n)$$

$$= \frac{(w-c)^2 \beta^2}{2(\lambda-2\beta t)} + \frac{\beta^2 t^2 (\mu+k\sigma)(w-c)}{(\lambda-2\beta t)(\lambda-\beta t)} + \frac{\beta t^3 (\lambda\beta t - \beta^2 t^2)(\mu+k\sigma)^2}{2(\lambda-\beta t)^2 (\lambda-2\beta t)} > 0,$$

在假设条件 $\lambda > 2\beta t$ 下，上述不等式恒成立。

(2) 通过比较 Π_m^r 与 Π_m^n 可得，

$$\Pi_m^r - \Pi_m^n = (w-c)(Q_r - Q_n) + t(e_r Q_r - e_n Q_n) - \frac{\lambda}{2}(e_r + e_n)(e_r - e_n) =$$

$$\frac{\lambda t^2}{2(\lambda-\beta t)^2}[(2\mu + k'\sigma + k\sigma)(k'-k)]\sigma + (w-c)\frac{\lambda\sigma(k'-k)}{\lambda-\beta t} > 0,$$

在假设条件 $\lambda > \beta t$ 及 $k' \geq k$ 下，上述不等式恒成立。

(3) 通过比较 Π_m^n 与 Π_m^0 可得，

$$\Pi_m^n - \Pi_m^0 = (w-c)(Q_n - Q_0) + e_n(tQ_n - \frac{\lambda}{2}e_n)$$

$$= (w-c)(\mu+k\sigma)\left[\frac{\lambda}{\lambda-\beta t} - 1\right] + e_n \frac{\lambda t(\mu+k\sigma)}{2(\lambda-\beta t)} > 0,$$

在假设条件 $\lambda > \beta t$ 下，上述不等式恒成立。

附录B 第四章证明

引理 4.1 证明

在给定批发价格的情况下,为确保获得可追溯的分析结果,此处假设每个零售商决定单位产品的边际贡献 $m_i = p_i - w_i$。

(1) 当所有企业具有相同的权力时,3个企业同时进行决策。一阶导数为

$$\frac{\partial \pi_{ri}(e_i, m_i)}{\partial e_i} = m_i r - e_i \lambda,$$

$$\frac{\partial \pi_{ri}(e_i, m_i)}{\partial m_i} = a - 2m_i - w_i + b(m_{3-i} + w_{3-i}) + e_i r,$$

$$\frac{\partial \pi_m(w_1, w_2)}{\partial w_i} = a + c - m_i - 2w_i + b(m_{3-i} + w_{3-i}) + e_i r + b[w_{3-i} - c + t(e_1 + e_2)] - t(e_1 + e_2)。$$

零售商利润函数的黑塞矩阵为:

$$\begin{pmatrix} -\lambda & r \\ r & -2 \end{pmatrix} < 0。$$

制造商利润函数的黑塞矩阵为:

$$\begin{pmatrix} -2 & 2b \\ 2b & -2 \end{pmatrix} < 0。$$

因此,第4章通过

$$\frac{\partial \pi_{ri}(e_i, m_i)}{\partial e_i} = 0, \frac{\partial \pi_{ri}(e_i, m_i)}{\partial m_i} = 0, \frac{\partial \pi_m(w_1, w_2)}{\partial w_i} = 0,$$

求得最优决策。因此,得到

$$w_i^N = \frac{X[\lambda - 2(1-b)rt]}{(1-b)A^N} + c, m_i^N = \frac{X\lambda}{A^N}, e_i^N = \frac{Xr}{A^N}, \Pi_{ri}^N = \frac{X^2\lambda(2\lambda - r^2)}{2(A^N)^2},$$

$$\Pi_m^N = \frac{2X^2\lambda^2}{(1-b)(A^N)^2},$$

其中,$A^N = (3-b)\lambda - 2(1-b)rt - r^2$。此外,显然 $A^N > 0$,$c < w_i^N < p_i^N = w_i^N + m_i^N$。

(2) 当制造商权力较大时,给定批发价格,求出了两个零售商的最优社会责任投资水平和零售价。一阶导数是

$$\frac{\partial \pi_{ri}(e_i,m_i)}{\partial e_i}=m_i r-e_i\lambda, \quad \frac{\partial \pi_{ri}(e_i,m_i)}{\partial m_i}=a-2m_i-w_i+b(m_{3-i}+w_{3-i})+e_i r.$$

从下式

$$\frac{\partial \pi_{ri}(e_i,m_i)}{\partial e_i}=0, \quad \frac{\partial \pi_{ri}(e_i,m_i)}{\partial m_i}=0,$$

得到

$$e_i(w_1,w_2)=\frac{-r(2a\lambda-2\lambda w_i-ar^2+r^2 w_i+b^2\lambda w_i-br^2 w_{3-i}+ab\lambda+b\lambda w_{3-i})}{b^2\lambda^2-4\lambda^2+4\lambda r^2-r^4},$$

$$m_i(w)=\frac{-(2a\lambda^2-2\lambda^2 w_i+b\lambda^2 w_{3-i}+\lambda r^2 w_i+b^2\lambda^2 w_i+ab\lambda^2-a\lambda r^2-b\lambda r^2 w_{3-i})}{b^2\lambda^2-4\lambda^2+4\lambda r^2-r^4}.$$

将 e_i，m_i 代入制造商的利润函数，得到

$$\frac{\partial \pi_m(w_1,w_2)}{\partial w_i}=[\lambda(4a\lambda^2+4c\lambda^2+ar^4+cr^4-8\lambda^2 w_i-2r^4 w_i-4c\lambda r^2+4b\lambda^2 w_i+$$
$$4b\lambda^2 w_{3-i}+4ar^3 t+2br^4 w_{3-i}+8\lambda r^2 w_i-2r^3 tw_i-2r^3 tw_{3-i}-ab^2\lambda^2-b^2 c\lambda^2+$$
$$b^3 c\lambda^2+4b^2\lambda^2 w_i-2b^2\lambda^2 w_{3-i}-2b^3\lambda^2 w_i-4bc\lambda^2-bcr^4-4a\lambda r^2-8a\lambda rt+4\lambda rtw_i+$$
$$4\lambda rtw_{3-i}+4bc\lambda r^2-4abr^3 t-2b\lambda r^2 w_i-6b\lambda r^2 w_{3-i}+4br^3 tw_i+4br^3 tw_{3-i}-$$
$$2b^2\lambda r^2 w_i+2b^2\lambda r^2 w_{3-i}-2b^2 r^3 tw_i-2b^2 r^3 tw_{3-i}+4ab\lambda rt-6b\lambda rtw_i-6b\lambda rtw_{3-i}+$$
$$4ab^2\lambda rt+2b^3\lambda rtw_i+2b^3\lambda rtw_{3-i})]/[(r^2-2\lambda+b\lambda)^2(-r^2+2\lambda+b\lambda)].$$

通过

$$\frac{\partial \pi_m(w_1,w_2)}{\partial w_1}=0, \quad \frac{\partial \pi_m(w_1,w_2)}{\partial w_2}=0,$$

求得最优批发价格。随后，得到

$$w_i^M=\frac{X[(2-b)\lambda-4(1-b)rt-r^2]}{(1-b)A^M}+c,$$

$$m_i^M=\frac{X\lambda}{A^M}, \quad e_i^M=\frac{Xr}{A^M}, \quad \Pi_{ri}^M=\frac{X^2\lambda(2\lambda-r^2)}{2(A^M)^2}, \quad \Pi_m^M=\frac{X^2\lambda}{(1-b)A^M},$$

其中，$A^M=2(2-b)\lambda-4(1-b)rt-2r^2$。此外，显然 $A^M>0$，$c<w_i^M<p_i^M=w_i^M+m_i^M$。

（3）当两个零售商权力较大时，给定社会责任投资水平和零售价格，首先求解最优批发价格。一阶导数是

$$\frac{\partial \pi_m(w_1,w_2)}{\partial w_i}=a+c-m_i-2w_i+b(m_{3-i}+w_{3-i})+e_i r+b[w_{3-i}-c+t(e_i+e_{3-i})]-t(e_i+e_{3-i}).$$

通过 $\frac{\partial \pi_m(w_1,w_2)}{\partial w_1}=0, \frac{\partial \pi_m(w_1,w_2)}{\partial w_2}=0,$

附 录

求得 $w_i(e_1, e_2, m_1, m_2) =$
$$\frac{a+c-m_i+ab+e_i r-e_i t-e_{3-i} t-b^2 c+b^2 m_i+be_{3-i} r+b^2 e_i t+b^2 e_{3-i} t}{2(1-b)^2}。$$

将最优批发价代入零售商的利润函数，得到

$$\frac{\partial \pi_{ri}(e_i, m_i)}{\partial e_i} = -\frac{2e_i \lambda - m_i r - m_i t + bm_i t}{2},$$

$$\frac{\partial \pi_{ri}(e_i, m_i)}{\partial m_i} = -\frac{a-c-2m_i+bc+bm_{3-i}+e_i r+e_i t+e_{3-i} t-be_i t-be_{3-i} t}{2}。$$

因此，令 $\dfrac{\partial \pi_{ri}(e_i, m_i)}{\partial e_i} = 0$，$\dfrac{\partial \pi_{ri}(e_i, m_i)}{\partial m_i} = 0$，得到最优解。

然后，得到

$$w_i^R = \frac{X[\lambda - 2(1-b)rt - 2(1-b)^2 t^2]}{(1-b)A^R} + c,$$

$$m_i^R = \frac{2X\lambda}{A^N}, e_i^R = \frac{X(r+t-bt)}{A^R},$$

$$\Pi_{ri}^R = \frac{X^2 \lambda [\lambda - 2(1-b)rt - (1-b)^2 t^2 - r^2]}{2(A^R)^2}, \Pi_m^R = \frac{2X^2 \lambda^2}{(1-b)(A^R)^2},$$

其中，$A^R = 2(2-b)\lambda - 3(1-b)rt - 2(1-b)^2 t^2 - r^2$。此外，显然 $A^R > 0$，$c < w_i^R < p_i^R = w_i^R + m_i^R$。

推论 4.1 证明

(1) 值得注意的是，A^N，A^M，A^R 均随着 λ 增大而增大。因此，e_i^N，e_i^M，e_i^R 均随着 λ 增大而减小。

(2) 最优零售价格对于 λ 的一阶导数为

$$\frac{\partial p_i^N}{\partial \lambda} = \frac{Xr(2(1-b)t-(2-b)r)}{(1-b)(A^N)^2}, \frac{\partial p_i^M}{\partial \lambda} = \frac{2Xr(2t-r)}{(A^M)^2},$$

$$\frac{\partial p_i^R}{\partial \lambda} = \frac{X(2(1-b)^2 t^2 - (1-b)(1-2b)rt - (3-2b)r^2)}{(1-b)(A^R)^2}。$$

显然因为 $t < r$，所以 $\dfrac{\partial p_i^N}{\partial \lambda}$ 和 $\dfrac{\partial p_i^R}{\partial \lambda}$ 为负值。当 $\dfrac{t}{r} > \dfrac{1}{2}$ 时，$\dfrac{\partial p_i^M}{\partial \lambda}$ 为正数。

(3) 最优批发价格关于 λ 的一阶导数为

$$\frac{\partial w_i^N}{\partial \lambda} = \frac{Xr(2(1-b)(2-b)t-r)}{(1-b)(A^N)^2},$$

$$\frac{\partial w_i^M}{\partial \lambda} = \frac{4Xrt(2-b)}{(A^M)^2},$$

$$\frac{\partial w_i^R}{\partial \lambda} = \frac{X(2(1-b)^2(3-2b)t^2+(1-b)(5-4b)rt-r^2)}{(1-b)(A^R)^2}。$$

显然仅当 $\frac{t}{r} > \frac{1}{2(1-b)(2-b)}$ 时，$\frac{\partial w_i^N}{\partial \lambda}$ 为正。因为 $b \in (0,1)$，所以，$\frac{\partial w_i^M}{\partial \lambda}$ 为正。通过解 $\frac{\partial w_i^R}{\partial \lambda} = 0$，本章得到 $-\frac{1}{(1-b)}r$ 和 $\frac{1}{2(1-b)(3-2b)}r$ 两个解。前者为负，舍去；因此，仅当 $\frac{t}{r} > \frac{1}{2(1-b)(3-2b)}$ 时，$\frac{\partial w_i^R}{\partial \lambda}$ 为正。

定理 4.1 和定理 4.2 证明

在纳什博弈中，

$$p_i^N - \bar{p}_i^N = \frac{Xr[(2-b)r-(2-2b)t]}{(1-b)(3-b)A^N} \geqslant 0，因此 p_i^N \geqslant \bar{p}_i^N。$$

$$w_i^N - \bar{w}_i^N = \frac{Xr[r-2(1-b)(2-b)t]}{(1-b)(3-b)A^N}。$$

当 $\frac{t}{r} \leqslant \frac{1}{2(1-b)(2-b)}$，得到 $w_i^N \geqslant \bar{w}_i^N$；

当 $\frac{t}{r} > \frac{1}{2(1-b)(2-b)}$，得到 $w_i^N < \bar{w}_i^N$。

在 M-lead 博弈中，

$$p_i^M - \bar{p}_i^M = \frac{Xr(1-b)(r-2t)}{(1-b)(2-b)A^M},$$

当 $\frac{t}{r} \leqslant \frac{1}{2}$，$p_i^M \geqslant \bar{p}_i^M$；当 $\frac{t}{r} > \frac{1}{2}$，得到 $p_i^M < \bar{p}_i^M$。$w_i^M - \bar{w}_i^M = \frac{-4Xr^2t}{A^M} < 0$，因此，$w_i^M < \bar{w}_i^M$。

在 R-lead 博弈，

$$p_i^R - \bar{p}_i^R = \frac{[(3-2b)r^2+(1-b)(1-2b)3t]-2(1-b)^2t^2}{2(1-b)(2-b)A^R} > 0。$$

所以，$p_i^R > \bar{p}_i^R$。

$$w_i^R - \bar{w}_i^R = \frac{r^2-(1-b)(5-4b)rt-2(1-b)^2(3-2b)t^2}{2(1-b)(2-b)A^R},$$

当 $\frac{t}{r} \leqslant \frac{1}{2(1-b)(3-2b)}$ 时，得到 $w_i^R \geqslant \bar{w}_i^R$；当 $\frac{t}{r} > \frac{1}{2(1-b)(3-2b)}$ 时，得到 $w_i^R < \bar{w}_i^R$。

定理 4.3 证明

值得注意的是，基准模型与模型中零售商将企业决策固定为 0 的情况一致。因此，在最优情况下，显然 $\Pi_{ri}^j = \max \pi_{ri}^j \geqslant \max \pi_{ri}^j |_{e=0} = \overline{\Pi}_{ri}^j$。

接下来，本章比较了制造商的最优利润。在纳什博弈中，得到

$$\frac{\Pi_m^N}{\overline{\Pi}_m^N} = \frac{(3-b)^2 \lambda^2}{(A^N)^2} \geqslant 1;$$

因此，$\Pi_m^N > \overline{\Pi}_m^N$。

在 M-lead 博弈中，得到

$$\frac{\Pi_m^M}{\overline{\Pi}_m^M} = \frac{2(2-b)\lambda}{A^M} \geqslant 1。$$

因此，$\Pi_m^M > \overline{\Pi}_m^M$。

在 R-lead 博弈，得到

$$\frac{\Pi_m^R}{\overline{\Pi}_m^R} = \frac{4(2-b)^2 \lambda^2}{(A^N)^2} \geqslant 1。$$

因此，$\Pi_m^R > \overline{\Pi}_m^R$。

定理 4.4 证明

(1) w^N 和 w^M 的差为

$$w^N - w^M = -\frac{X[(2-b)\lambda - r^2][(1-b)\lambda - 2(1-b)rt - r^2]}{(1-b)A^N A^M}。$$

显然仅当 $\lambda < 2rt + \dfrac{r^2}{1-b}$ 时，上式为正。在定理 4.6 的证明中考虑了此处对于 λ 的约束条件。

(2) 考虑到 $A^R - A^N = (1-b)(\lambda - rt + 2bt^2 - 2t^2) > 0$。因此，显然 $w_i^N > w_i^R$。

定理 4.5 证明

(1) p^N 和 p^M 的差为

$$p^N - p^M = -\frac{X(\lambda - r^2)[(1-b)\lambda - 2(1-b)rt - r^2]}{(1-b)A^N A^M}。$$

显然，当 $\lambda < 2rt + \dfrac{r^2}{1-b}$ 时，上式为正。在定理 4.6 的证明中考虑了此处对于 λ 的约束条件。

(2) p^N 和 p^R 的差为

$$p^N - p^R = -\frac{X\lambda(1-b)[\lambda+(2-b)rt-2(1-b)t^2-r^2]}{(1-b)A^N A^R}。$$

在假设 $b\lambda > (r+t)^2$ 下，显然 $\lambda+(2-b)rt-2(1-b)t^2-r^2 > 0$。因此，$p^N < p^R$。

定理 4.6 证明

(1) e^N 和 e^M 的差为

$$e^N - e^M = \frac{X[(1-b)\lambda - 2(1-b)rt - r^2]}{A^N A^M}。$$

显然，仅当 $\lambda < 2rt + \frac{r^2}{1-b}$ 时，上式为负。考虑到 λ 的约束，通过求解方程 $2rt + \frac{r^2}{1-b} = \frac{(r+t)^2}{b}$，得到仅当

$$\frac{t}{r} < \frac{\sqrt{b(1-b)(1-3b+b^2)} - (1-b)^2}{1-b} \text{ 时，}$$

$$2rt + \frac{r^2}{1-b} > \frac{(r+t)^2}{b}。$$

(2) e^N 和 e^R 的差为

$$e^N - e^R = \frac{X\lambda(1-b) - (r-3t+bt)}{A^N A^R},$$

等式的符号与 λ 无关。当 $\frac{t}{r} < \frac{1}{3-b}$ 时，得到 $e^N - e^R > 0$。

(3) e^M 和 e^R 的差为

$$e^M - e^R = -\frac{X[2(1-b)(2-b)t\lambda - 2(1-b)^2 rt^2 - 3(1-b)^2 r^2 t - r^3]}{A^M A^R}。$$

显然，仅当

$$\lambda < \frac{2(1-b)^2 rt^2 + 3(1-b)^2 r^2 t + r^3}{2(1-b)(2-b)t} \text{ 时，上式为正。}$$

附录 C 第五章证明

C.1 证明

引理 5.1 证明

代入供应商的投资决策,并根据 x_1 区分制造商 1 的利润:

$$\frac{\partial \pi_1^M(x_1, x_s^M)}{\partial x_1} = m_1^M - k_1 + \frac{a_1 k_s}{a_s x_1^2},$$

$$\frac{\partial^2 \pi_1^M(x_1, x_s^M)}{\partial x_1^2} = -\frac{a_1 k_s}{a_s x_1^3} < 0。$$

制造商 1 的利润是关于 x_1 的凹函数。求解函数的一阶导数得

$$x_1^M = \sqrt{\frac{a_1 k_s}{a_s(k_1 - m_1^M)}},$$

因此,

$$x_s^M = \frac{1}{x_1^M}\ln\left(\frac{a_s \beta x_1^M}{k_s}\right) = \sqrt{\frac{a_s(k_1 - m_1^M)}{a_1 k_s}}\ln\left(\beta\sqrt{\frac{a_1 a_s}{k_s(k_1 - m_1^M)}}\right)。$$

根据式(5-8),当 $x_1^M > \dfrac{k_s}{a_s \beta}$ 时,$\beta > \sqrt{\dfrac{k_s(k_1 - m_1^M)}{a_1 a_s}}$,社会责任战略可行。否则,$x_1^M = x_s^M = 0$。

证明的剩余部分是将均衡投资分别代入不合格率和违规概率,即 $\gamma(x)$ 和 $\alpha(x)$。

引理 5.2 证明

假设 $x_1 = 0$,则 $x_2^{M|D} = \sqrt{\dfrac{a_2 k_s}{a_s(k_2 - m_2^M)}}$。根据式(5-9),温和策略在制造商 2 和供应商中起到了积极的作用,即当 $x_2^{M|D} > \dfrac{k_s}{a_s \beta}$ 时,

$\beta > \sqrt{\dfrac{k_s(k_2 - m_2^D)}{a_2 a_s}}$,$x_s^{M|D} = \sqrt{\dfrac{a_s(k_2 - m_2^D)}{a_2 k_s}}\ln\left(\beta\sqrt{\dfrac{a_2 a_s}{k_s(k_2 - m_2^D)}}\right)$。

因为 $(k_1 - m_1^D)/a_1 < (k_2 - m_2^D)/a_2$,所以,当 $\beta < \sqrt{\dfrac{k_s(k_2 - m_2^D)}{a_2 a_s}}$,供应链不会为社会责任做出任何努力,即零投资策略,$x_1^{N|D} = x_2^{N|D} = x_s^{N|D} = 0$。

关于违规概率和不合格率的结果是通过分别分析正投资和零投资区域得到的。

引理 5.3 证明

假设 $x_2=0$，代入供应商的投资决策，根据 x_1 区分制造商 1 的利润：

$$\frac{\partial \pi_1^D(x_1,x_2,x_s^D)}{\partial x_1}=m_1^D-k_1+\frac{a_1 k_s}{a_s x_1^2},$$

$$\frac{\partial^2 \pi_1^D(x_1,x_2,x_s^D)}{\partial x_1^2}=-\frac{a_1 k_s}{a_s x_1^3}<0。$$

制造商 1 的利润是 x_1 的凹函数。求解函数的一阶导数得

$$x_1^{A|D}=\sqrt{\frac{a_1 k_s}{a_s(k_1-m_1^D)}}。$$

根据式（5-9），激进策略导致制造商 1 和供应商的正向投资，当

$$x_1^{A|D}>\frac{k_s}{a_s\beta},\beta>\sqrt{\frac{k_s(k_1-m_1^D)}{a_1 a_s}},$$

此时

$$x_s^{A|D}=\sqrt{\frac{a_s(k_1-m_1^D)}{a_1 k_s}}\ln\left(\beta\sqrt{\frac{a_1 a_s}{k_s(k_1-m_1^D)}}\right)。$$

关于违规概率和不合格率的结果通过分别分析正投资和零投资区域得到。

定理 5.1 证明

将制造商 1 的社会责任投资 $x_1^{R|M}$ 和相关的不合格率代入其利润：

$$\pi_1^{R|M}=2(p_1-w)\left(V-p_1+\sqrt{\frac{a_1 k_s}{a_s(k_1-m_1^M)}}\right)-k_1\sqrt{\frac{a_1 k_s}{a_s(k_1-m_1^M)}}-a_1\tilde{\beta}^M$$

$$=2(p_1-w)(V-p_1)-2a_1\tilde{\beta}^M。$$

将制造商 1 的社会责任投资 $x_1^{U|M}=0$ 代入利润函数：

$$\pi_1^{U|M}=2(p_1-w)(V-p_1)-a_1\beta。$$

因此，制造商 1 在进行社会责任投资和不进行社会责任投资的利润差为 $\pi_1^{R|M}-\pi_1^{U|M}=a_1(\beta-2\tilde{\beta}^M)$。因此，当 $\beta>2\tilde{\beta}^M$，$\pi_1^{R|M}>\pi_1^{U|M}$，否则，$\pi_1^{R|M}<\pi_1^{U|M}$。

定理 5.2 证明

当 $\beta>\tilde{\beta}_1^D$ 且 $(k_1-m_1^D)/a_1<(k_2-m_2^D)/a_2$，制造商 1 采取激进策略。

在这个策略下,将制造商 2 的社会责任投资水平 $x_2^{A|D}=0$ 和相关的检测效率代入其利润公式:

$$\pi_2^{A|D}=R_2^D-a_2\tilde{\beta}_1^D-\frac{(1+\theta)(p_2-w)}{2}\sqrt{\frac{a_1k_s}{a_s(k_1-m_1^D)}}。$$

当 $\pi_2^{A|D}>0$ 时,制造商 2 会进入市场,即 $R_2^D>\widetilde{R}_2^{A|D}$,

$$\widetilde{R}_2^{A|D}=a_2\tilde{\beta}_1^D+\frac{(1+\theta)(p_2-w)}{2}\sqrt{\frac{a_1k_s}{a_s(k_1-m_1^D)}}。$$

当 $\beta>\tilde{\beta}_2^D$,制造商 1 采取温和策略。在这个策略下,将制造商 2 的社会责任投资水平 $x_2^{M|D}$ 和相关的检测效率代入其利润公式:$\pi_2^{M|D}=R_2^D-2a_2\tilde{\beta}_2^D$,当 $\pi_2^{M|D}=R_2^D-2a_2\tilde{\beta}_2^D>0$ 时,制造商 2 会进入市场。

在零投资策略下 ($\beta<\tilde{\beta}_2^D$),当 $R_2^D>a_2\beta$ 时,制造商 2 会以 $x_2^{N|D}$ 社会责任投资水平进入市场,否则,他不会进入市场。

定理 5.3 证明

当 $R_2^D>\widetilde{R}_2^{A|D}$,制造商 2 愿意在激进策略下进入市场。为了验证制造商 1 采取激进策略的条件,得到利润差的值,即 $\Delta\pi_1^{A,N}$ 和 $\Delta\pi_1^{A,M}$。

与定理 5.1 一致,$\Delta\pi_1^{A,N}=\pi_1^{A,D}-\pi_1^{N,D}=a_1(\beta-2\tilde{\beta}_1^D)$,当 $\beta>2\tilde{\beta}_1^D$ 时,$\Delta\pi_1^{A,N}>0$。

接下来,对于 $\Delta\pi_1^{A,M}$:

$$\Delta\pi_1^{A,M}=(m_1^D-k_1)\sqrt{\frac{a_1k_s}{a_s(k_1-m_1^D)}}\sqrt{\frac{a_1}{a_1}}+a_1(\tilde{\beta}_2^D-\tilde{\beta}_1^D)+x_2^{M|D}$$

$$=a_1\tilde{\beta}_2^D-2a_1\tilde{\beta}_1^D+\frac{(p_1-w)}{2}x_2^{M|D}。$$

显然,当 $\tilde{\beta}_2^D>2\tilde{\beta}_1^D$ 时,$\Delta\pi_1^{A,M}>0$。

接下来讨论 $\tilde{\beta}_2^D<2\tilde{\beta}_1^D$ 的情况。因为 $(k_1-m_1^D)/a_1<(k_2-m_2^D)/a_2$,所以 $\dfrac{\partial \Delta\pi_1^{A,M}}{\partial a_1}=\tilde{\beta}_2^D-\tilde{\beta}_1^D>0$ 成立。因此,$\Delta\pi_1^{A,M}$ 与 a_1 正相关,存在一个阈值 $\tilde{a}_1$,它满足 $\Delta\pi_1^{A,M}=0$。因此当 $a_1>\tilde{a}_1$ 时,$\Delta\pi_1^{A,M}>0$。

当 $R_2^D>2a_2\tilde{\beta}_2^D$,制造商 2 愿意在温和策略下进入市场。为了验证制造商 1 采取温和策略的条件,得到利润差的值,即 $\Delta\pi_1^{M,N}$ 和 $\Delta\pi_1^{A,M}$。

$$\Delta \pi_1^{M,N} = a_1 \left(\beta - \tilde{\beta}_2^D - \frac{(1+\theta)(p_1-w)}{2a_1} \sqrt{\frac{a_2 k_s}{a_s(k_2-m_2^D)}} \right), \text{当} \ \beta > \tilde{\beta}_2^D +$$

$\frac{(1+\theta)(p_1-w)}{2a_1} \sqrt{\frac{a_2 k_s}{a_s(k_2-m_2^D)}}$ 时，$\Delta \pi_1^{M,N} > 0$，否则，$\Delta \pi_1^{M,N} < 0$。

根据前文关于 $\Delta \pi_1^{A,M}$ 的讨论，当 $\tilde{\beta}_2^D < 2\tilde{\beta}_1^D$ 且 $a_1 < \tilde{a}_1$ 均成立时，$\Delta \pi_1^{A,M}$ 为负。

定理 5.4 证明

根据定义，$m_1^D = (p_1-w)(3+\theta)/2 < 2(p_1-w) = m_1^M$，因为 $0 < \theta < 1$，不等式成立。$m_1^M - m_1^D$ 随着 θ 增大而减小，因此 $\tilde{\beta}^M = \sqrt{\frac{k_s(k_1-m_1^M)}{a_1 a_s}} <$

$\sqrt{\frac{k_s(k_1-m_1^D)}{a_1 a_s}} = \tilde{\beta}_1^D$。由于 $\tilde{\beta}_1^D < \tilde{\beta}_2^D$，$\tilde{\beta}^M < \tilde{\beta}_i^D$，$(i=1, 2)$，$\tilde{\beta}_1^D - \tilde{\beta}^M$ 随着 θ 增大而减小。

此外，根据定义和 $\tilde{\beta}^M < \tilde{\beta}_i^D$，可得 $\alpha^{R|M} < \alpha^{A|D}$ 且 $\alpha^{R|M} < \alpha^{M|D}$。

定理 5.5 证明

因为 $m_1^D < m_1^M$，得到 $x_1^{R|M} > x_1^{A|D}$ 且投资水平的差值随着 θ 增大而减小。由于 $\tilde{\beta}_1^D < \tilde{\beta}_2^D$，$x_1^{A|D} > x_1^{M|D} > 0$。

定理 5.6 证明

为了便于表示，定义 $A_i = \sqrt{\frac{k_i - m_i^D}{a_i}}$ 且 $A_m = \sqrt{\frac{k_1 - m_1^M}{a_1}}$，其中，$i=1, 2$。那么，$x_s^{R|M}$，$x_s^{A|D}$，$x_s^{M|D}$ 可以分别简化表示为

$$x_s^{R|M} = \sqrt{\frac{k_s}{a_s}} A_m \ln\left(\sqrt{\beta \frac{k_s}{a_s}}/A_m\right), \quad x_s^{A|D} = \sqrt{\frac{k_s}{a_s}} A_1 \ln\left(\sqrt{\beta \frac{k_s}{a_s}}/A_1\right),$$

$$x_s^{M|D} = \sqrt{\frac{k_s}{a_s}} A_2 \ln\left(\sqrt{\beta \frac{k_s}{a_s}}/A_2\right).$$

求零售商 CSR 投资水平 x_s 关于 A_i 的一阶导为：

$$\frac{\partial x_s}{\partial A_i} = \sqrt{\frac{k_s}{a_s}} [\ln(\beta/\tilde{\beta}_i^D) - 1].$$

由于 $\tilde{\beta}^M < \tilde{\beta}_1^D < \tilde{\beta}_2^D$，如果 $\beta > e\tilde{\beta}_2^D$，那么 x_s 随着 A_i 增大而增大。根据定义 $A_m < A_1 < A_2$，因此，如果 $\beta < e\tilde{\beta}_2^D$，那么 $x_s^{R|M} < x_s^{A|D} < x^{M|D_s}$；如果

$\beta < e\tilde{\beta}^M$,那么 $x_s^{R|M} > x_s^{A|D} > x^{M|D_s}$。

C.2 批发价格内生的扩展模型证明

在双头垄断情形下,供应商在 CSR 投资水平确定阶段决策批发价格。参考 Guo 等(2019)和 Shi 等(2019),供应商会随着制造商提高 CSR 投资水平而降低批发价格。为了获得简洁的结论,根据两个制造商 CSR 的参与投资,假设供应商的批发价格是 w_H 和 w_L 的两点分布,其中,$w_H > w_L$。例如,如果制造商 1 的社会责任投资大于制造商 2,即 $x_1 > x_2$,那么供应商的批发价格决策分别是:$w_1 = w_L$,$w_2 = w_H$,反之亦然。

在给定制造商社会责任投资水平的条件下,供应商最优社会责任投资水平不受内生批发价格的影响。

重新定义制造商 i 社会责任参与投资产生的额外贡献边际,

$$m_i^D(w_i) = \frac{\partial[(p_i - w_i)D_i]}{\partial x_i} = (p_i - w_i)(3+\theta)/2, i=1,2。$$

然后,用 $m_i^D(w_i)$ 替代 m_i^D,给定制造商 1 的社会责任投资,内生批发价格情况下,制造商 2 的最优社会责任投资水平在结构上与外生批发价格的情况类似,因此本章省略了细节上的讨论以避免重复。当供应商采用内生批发价格时,制造商 1 的 CSR 投资战略仍然是激进的或温和的。具体来说,在制造商 1 的激进策略下,供应商向制造商 1 收取较低的批发价格,向制造商 2 收取较高的批发价格;而当制造商 1 采用温和策略时结论相反。令 $(w_1, w_2) = (w_H, w_L)$ 和 $(w_1, w_2) = (w_L, w_H)$ 分别表示引理 3.2 和引理 3.3 中激进和温和策略下的批发价格,内生批发价格情况下,制造商 1 各策略的最优 CSR 投资水平在结构上与外生批发价格的情况相似。本章用引理总结了内生批发价格对供应链成员最优社会责任投资水平的影响。

引理 C.5.1 内生批发价格不影响供应链各成员最优社会责任投资水平的结构。

根据各企业最优的社会责任投资水平,本章将 w 替换为 w_L 或 w_H,验证双寡头情景下的结论依然稳健。

定理 C.5.1 内生批发价格不影响制造商 1 和制造商 2 的战略偏好和企业社会责任的相关结论。

下面,本章检验了内生批发价格的影响,结论如下:

定理 C.5.2 ①内生批发价格增强了制造商选择激进策略的动机;②内

生批发价格情景下,当制造商 1 采取温和策略时,制造商 2 更有可能进入市场。

定理 C.5.2 证明 定义 $\Delta\pi_{1,w}^{A,M} \triangleq \pi_1^{A|D}(w_L) - \pi_1^{M|D}(w_H)$ 表示内生批发价格情景下,积极策略和温和策略的利润差。因为 $\pi_1^{j|D}$ $(j=A, M)$ 随着 w 增加而减少,那么 $\Delta\pi_{1,w}^{A,M} > \Delta\pi_1^{A,M}(w) = \Delta\pi_1^{A,M}$。与定理 3 类似,$\Delta\pi_{1,w}^{A,M}$ 随着 a_1 的增大而增大,令 $\Delta\pi_{1,w}^{A,M} = 0$,得到解 $\tilde{a}_{1,w}$。由于 $\Delta\pi_{1,w}^{A,M} > \Delta\pi_1^{A,M}(w)$,那么 $\tilde{a}_{1,w} < \tilde{a}_1$ ($\tilde{a}_1$ 是 $\Delta\pi_1^{A,M}(w) = 0$ 的解)。因此,内生批发价格情景下,制造商 1 更有可能选择激进策略。类似地,$R_2^D > 2a_2\tilde{\beta}_2^D$ 在内生批发价格条件下更易成立,那么,当制造商 1 采取温和策略时,制造商 2 更有可能进入市场。

附录 D 第六章证明

引理 6.1 证明

零售商 i 通过求解以下一阶导决定订单量 q_i 使自身利润最大化：

$$\frac{\partial \Pi_{r,i}^m}{\partial q_i} = \alpha - 2\beta q_i - \beta \eta q_{3-i} + \gamma e_m - w_i = 0 。$$

同理，可以通过求解以下一阶导得到零售商 $3-i$ 的最优订货量：

$$\frac{\partial \Pi_{r,3-i}^m}{\partial q_{3-i}} = \alpha - 2\beta q_{3-i} - \beta \eta q_i + \gamma e_m - w_{3-i} = 0 。$$

得到 $\frac{\partial^2 \Pi_{r,i}^m}{\partial q_i^2} = -2\beta$，因此，第 i 个零售商的利润是其订单数量的凹函数，由一阶导数得到的 q_i 是零售商 i 的最优决策。零售商 $3-i$ 也有类似的结果。求解上述一阶导数可得到式（6-13）。

定理 6.1 证明

将引理 6.1 得到的零售商最优决策代入制造商的利润函数中，得到利润关于 w_i 和 e_m 的一阶导数：

$$\frac{\partial \Pi_m^m}{\partial w_i} = q_i + (w_i + te_m - c)\frac{\partial q_i(w_i, w_{3-i}, e_m)}{\partial w_i} +$$

$$(w_{3-i} + te_m - c)\frac{\partial q_{3-i}(w_i, w_{3-i}, e_m)}{\partial w_i}$$

$$= \frac{(2-\eta)\alpha + \gamma(2-\eta)e_m - 2w_i + \eta w_{3-i}}{\beta(4-\eta^2)} -$$

$$(w_i + te_m - c)\frac{2}{\beta(4-\eta^2)} + \frac{\eta}{\beta(4-\eta^2)}(w_{3-i} + te_m - c) ,$$

$$\frac{\partial \Pi_m^m}{\partial e_m} = t(q_i + q_{3-i}) + (w_i + te_m - c)\frac{\partial q_i(w_i, w_{3-i}, e_m)}{\partial e_m} +$$

$$(w_{3-i} + te_m - c)\frac{\partial q_{3-i}(w_i, w_{3-i}, e_m)}{\partial e_m}$$

$$= t\frac{2(2-\eta)\alpha + 2\gamma(2-\eta)e_m - (2-\eta)(w_i + w_{3-i})}{\beta(4-\eta^2)} +$$

$$(w_i + te_m - c)\frac{\gamma}{\beta(2+\eta)} + (w_{3-i} + te_m - c)\frac{\gamma}{\beta(2+\eta)} 。$$

其中，

$$\frac{\partial q_i(w_i,w_{3-i})}{\partial w_i}=-\frac{2}{\beta(4-\eta^2)}, \frac{\partial q_{3-i}(w_i,w_{3-i})}{\partial w_i}=\frac{\eta}{\beta(4-\eta^2)},$$

$$\frac{\partial q_i(w_i,w_{3-i})}{\partial e_m}=\frac{\gamma}{\beta(2+\eta)}, \frac{\partial q_{3-i}(w_i,w_{3-i})}{\partial e_m}=\frac{\gamma}{\beta(2+\eta)}\text{。}$$

可以证明 $\frac{\partial^2 \Pi_m^m}{\partial w_i^2}=-\frac{4}{\beta(4-\eta^2)}<0, \frac{\partial^2 \Pi_m^m}{\partial e_m^2}=\frac{4t\gamma}{\beta(2+\eta)}-\lambda<0$,

$\frac{\partial^2 \Pi_m^m}{\partial w_i \partial e_m}=\frac{\partial^2 \Pi_m^m}{\partial e_m \partial w_i}=\frac{\gamma-t}{\beta(2+\eta)}$。基于假设

$$\begin{vmatrix} \frac{\partial^2 \Pi_m^m}{\partial w_i^2} & \frac{\partial^2 \Pi_m^m}{\partial w_i \partial e_m} \\ \frac{\partial^2 \Pi_m^m}{\partial e_m \partial w_i} & \frac{\partial^2 \Pi_m^m}{\partial e_m^2} \end{vmatrix} = \frac{4\lambda\beta(2+\eta)-(2-\eta)(\gamma+t)^2-4(2+\eta t\gamma)}{\beta^2(2+\eta)^2(2-\eta)}>0\text{。}$$

制造商的利润是关于批发价格和投资水平的凹函数。求解一阶导数可得到最优批发价格 $w_i^*=w_{3-i}^*=w^m$ 和最优社会责任投资水平 e^m,其中:

$$w^m=c+\frac{(\alpha-c)[\lambda\beta(2+\eta)-2t(\gamma+t)]}{2\lambda\beta(2+\eta)-2(\gamma+t)^2},$$

$$e^m=\frac{(\alpha-c)(\gamma+t)}{\lambda\beta(2+\eta)-(\gamma+t)^2}\text{。}$$

将 w^m 和 e^m 代入式(6-3)和式(6-2)得到 q^m 和 p^m。

定理 6.2 证明

(1) 参数对 w^m 的影响:

从表 6-3 可以得到:

$$w^m=c+\frac{(\alpha-c)}{2}\left[1+\frac{\gamma^2-t^2}{\lambda\beta(2+\eta)-(\gamma+t)^2}\right],$$

$$\frac{\partial w^m}{\partial \gamma}=\frac{(\alpha-c)[(2\gamma+t)(\eta+2)\lambda\beta-3t(t+r)^2]}{[\lambda\beta(\eta+2)-(t+\gamma)^2]^2}>0\text{。}$$

基于第 6 章的假设,上述结论成立。w^m 随着 λ,β,η 增大而减小,随着 γ 增大而增大。

此外,

$$\frac{\partial w^m}{\partial t}=\frac{(\alpha-c)[\gamma(t+\gamma)^2-t(\eta+2)\lambda\beta]}{[\lambda\beta(\eta+2)-(t+\gamma)^2]^2}\text{。}$$

注意到 $t(\eta+2)>0$,得到 $[\gamma(t+\gamma)^2-t(\eta+2)\lambda\beta]$ 随着 $\lambda\beta$ 增大而减小。那么,就存在一个阈值 $F_2=\frac{\gamma(t+\gamma)}{t(2+\eta)}$。如果 $\lambda\beta<F_2$,那么 $\frac{\partial w^m}{\partial t}>0$ 且

w^m 随着 t 增大而减小。

(2) 参数对 e^m 的影响：

从表 6-3 可以得到 e^m 随着 λ，β，η 增大而减小。随后，得到 e^m 关于 γ，t 的一阶导数：

$$\frac{\partial e^m}{\partial t} = \frac{(\alpha-c)[\lambda\beta(\eta+2)+(t+\gamma)^2]}{[\lambda\beta(\eta+2)-(t+\gamma)^2]^2} > 0,$$

$$\frac{\partial e^m}{\partial \gamma} = \frac{(\alpha-c)[\lambda\beta(\eta+2)+(t+\gamma)^2]}{[\lambda\beta(\eta+2)-(t+\gamma)^2]^2} > 0。$$

因此，e^m 随着 γ，t 增大而增大。

(3) 参数对 q^m 的影响：

从表 6-3 可得：

$$q^m = \frac{\alpha-c}{2\beta(2+\eta)-2(t+\gamma)^2\lambda}。$$

可以发现，q^m 随着 λ，β，η 增大而减小，随着 γ，t 增大而增大。

(4) 参数对 p^m 的影响：

从表 6-3 可得：

$$\frac{\partial p^m}{\partial \lambda} = \frac{(\alpha-c)[2t(t+\gamma)(\eta+2)\beta-(t+\gamma)^2(\eta+3)\beta]}{2[\lambda\beta(\eta+2)-(t+\gamma)^2]^2} < 0,$$

$$\frac{\partial p^m}{\partial \beta} = \frac{(\alpha-c)[2t(t+\gamma)(\eta+2)\gamma-(t+\gamma)^2(\eta+3)\gamma]}{2[\lambda\beta(\eta+2)-(t+\gamma)^2]^2} < 0,$$

$$\frac{\partial p^m}{\partial \eta} = \frac{(\alpha-c)(t^2-\gamma^2-\lambda^2\beta^2)}{2[\lambda\beta(\eta+2)-(t+\gamma)^2]^2} < 0,$$

$$\frac{\partial p^m}{\partial \gamma} = \frac{(\alpha-c)[[2\gamma(\eta+3)+t]\lambda\beta-2t(t+\gamma)^2]}{2[\lambda\beta(\eta+2)-(t+\gamma)^2]^2} > 0。$$

由于 $\gamma > t$ 和 $\lambda\beta > (t+\gamma)^2$，上述不等式成立。$p^m$ 随着 λ，β，η 增大而减小，随着 γ 增大而增大。此外，

$$\frac{\partial p^m}{\partial t} = \frac{(\alpha-c)[[\gamma-t(1+\eta)]\lambda\beta+\gamma(t+\gamma)^2]}{[\lambda\beta(\eta+2)-(t+\gamma)^2]^2}。$$

① 如果 $\gamma > t(1+\eta)$，$(\gamma-t(1+\eta))\lambda\beta+\gamma(t+\gamma)^2 > 0$，则 p^m 随着 t 增大而增大。

② 如果 $\gamma < t(1+\eta)$，$[(\gamma-t(1+\eta))\lambda\beta+\gamma(t+\gamma)^2]$ 随着 $\lambda\beta$ 增大而减小。那么，存在一个阈值 $F_3 = \frac{\gamma(t+\gamma)^2}{t(1+\eta)-\gamma}$；如果 $\lambda\beta < F_3$，那么 $\frac{\partial p^m}{\partial t} > 0$，$p^m$ 随着 t 增大而增大。否则，$\frac{\partial p^m}{\partial t} < 0$，$p^m$ 随着 t 增加而减小。

(5) 参数对 Π_r^m 的影响：

从表 6-3 可以得到 Π_r^m 随着 η 增大而减小，随着 γ, t 增大而增大。分别求得 Π_r^m 关于 λ 和 β 的一阶导数，得到：

$$\frac{\partial \Pi_r^m}{\partial \lambda} = \frac{(\alpha-c)^2 \lambda \beta (t+\gamma)^2 [(t+\gamma)^2 - \lambda \beta (2+\eta)]}{2[\lambda \beta (2+\eta) - (\gamma+t)^2]^4} < 0,$$

$$\frac{\partial \Pi_r^m}{\partial \beta} = \frac{\lambda^2 (\alpha-c)^2 [(t+\gamma)^4 - \lambda^2 \beta^2 (\eta+2)^2]}{4[\lambda \beta (2+\eta) - (\gamma+t)^2]^4} < 0 。$$

那么，Π_r^m 随着 λ 和 β 增大而减小。

(6) 参数对 Π_m^m 的影响：

从表 6-3 可以得到 Π_m^m 随着 β，η，λ 增大而减小，随着 γ，t 增大而增大。

引理 6.2 证明

零售商 i 通过求解订货量 q_i 和社会责任投资水平 e_i 使自身利润最大化。对应的一阶导数为：

$$\frac{\partial \Pi_{r,i}^{br}}{\partial q_i} = \alpha - 2\beta q_i - \beta \eta q_{3-i} + \gamma(e_i + e_{3-i}) - w_i = 0,$$

$$\frac{\partial \Pi_{r,i}^{br}}{\partial e_i} = \gamma q_i - \lambda e_i = 0 。$$

同样地，通过求解以下一阶导数得到零售商 $3-i$ 的最优订货量和社会责任投资水平：

$$\frac{\partial \Pi_{r,3-i}^{br}}{\partial q_{3-i}} = \alpha - 2\beta q_{3-i} - \beta \eta q_i + \gamma(e_i + e_{3-i}) - w_{3-i} = 0,$$

$$\frac{\partial \Pi_{r,3-i}^{br}}{\partial e_{3-i}} = \gamma q_{3-i} - \lambda e_{3-i} = 0 。$$

得到

$$\frac{\partial^2 \Pi_{r,i}^{br}}{\partial q_i^2} = -2\beta, \quad \frac{\partial^2 \Pi_{r,i}^{br}}{\partial e_i^2} = -\lambda, \quad \frac{\partial^2 \Pi_{r,i}^{br}}{\partial q_i \partial e_i} = \frac{\partial^2 \Pi_{r,i}^{br}}{\partial e_i \partial q_i} = \gamma 。$$

因此，黑塞矩阵是负定的，并且满足二阶条件。类似的结果也适用于零售商 $3-i$。

通过求解 (q_i, e_i) 得到式（6-15）和式（6-16）。将 q_i^* 和 e_i^* 代入式（6-3）可得到式（6-17）。

定理 6.3 证明

将引理 6.2 得到的零售商最优策略代入制造商的利润函数中，得到关于 w_i 的一阶导数：

$$\frac{\partial \Pi_m^{br}}{\partial w_i} = \left[1 + t\left(\frac{\partial e_i(w_i, w_{3-i})}{\partial w_i} + \frac{\partial e_{3-i}(w_i, w_{3-i})}{\partial w_i}\right)\right]q_i +$$

$$t\left[\frac{\partial e_i(w_i, w_{3-i})}{\partial w_i} + \frac{\partial e_{3-i}(w_i, w_{3-i})}{\partial w_i}\right]q_{3-i} + [w_i + t(e_i + e_{3-i}) - c]$$

$$\frac{\partial q_i(w_i, w_{3-i})}{\partial w_i} + [w_{3-i} + t(e_i + e_{3-i}) - c]\frac{\partial q_{3-i}(w_i, w_{3-i})}{\partial w_i} =$$

$$\left[\frac{2\lambda\beta + \lambda\beta\eta - \gamma^2 - t\gamma}{2\lambda\beta + \lambda\beta\eta - 2\gamma^2}\right]\frac{[(2-\eta)\lambda\beta\alpha - (2\lambda\beta - \gamma^2)w_i + (\lambda\beta\eta - \gamma^2)w_{3-i}]}{A} -$$

$$\frac{\beta t\gamma(2-\eta)}{A}\frac{[(2-\eta)\lambda\beta\alpha - (2\lambda\beta - \gamma^2)w_{3-i} + (\lambda\beta\eta - \gamma^2)w_i]}{A} -$$

$$\frac{2\lambda\beta - \gamma^2}{A}\left[\frac{2\lambda\beta + \lambda\beta\eta - 2\gamma^2 - t\gamma}{2\lambda\beta + \lambda\beta\eta - 2\gamma^2}w_i + \frac{(2-\eta)\beta t\gamma(\alpha - w_{3-i})}{A} - c\right] + \frac{\lambda\beta\eta - \gamma^2}{A}\left[\frac{2\lambda\beta + \lambda\beta\eta - 2\gamma^2 - t\gamma}{2\lambda\beta + \lambda\beta\eta - 2\gamma^2}w_{3-i} + \frac{(2-\eta)\beta t\gamma(\alpha - w_i)}{A} - c\right]$$

其中,

$$\frac{\partial q_i(w_i, w_{3-i})}{\partial w_i} = -\frac{2\lambda\beta - \gamma^2}{A}, \frac{\partial q_{3-i}(w_i, w_{3-i})}{\partial w_i} = \frac{\lambda\beta\eta - \gamma^2}{A},$$

$$\frac{\partial e_i(w_i, w_{3-i})}{\partial w_i} = -\frac{\gamma(2\lambda\beta - \gamma^2)}{\lambda A}, \frac{\partial e_{3-i}(w_i, w_{3-i})}{\partial w_i} = \frac{\gamma(\lambda\beta\eta - \gamma^2)}{\lambda A},$$

$$A = \beta(2-\eta)(2\lambda\beta + \lambda\beta\eta - 2\gamma^2)。$$

因为 $2\lambda\beta > \gamma^2$ 且 $2\lambda\beta + \lambda\beta\eta - 2\gamma^2 - t\gamma > 0$,所以 $\frac{\partial \Pi_m^{br}}{\partial w_i}$ 随着 w_i 增大而减小。同样地,$\frac{\partial \Pi_m^{br}}{\partial w_{3-i}}$ 随着 w_{3-i} 增大而减小。结合这两组一阶导数与 $q_i^*(q_i, q_{3-i}^*, e_i^*, e_{3-i}^*) = q_i$,通过求解如下等式得到均衡批发价格:

$$\frac{w-c}{U} + \frac{2t\gamma}{U^2}(\alpha - w) = \frac{\alpha - w}{U}\left(1 - \frac{2\gamma t}{U}\right),$$

其中,$U = 2\lambda\beta + \lambda\beta\eta - 2\gamma^2$。通过求解上述方程,可以得到最优批发价格 $w_i^* = w_{3-i}^* = w^{br}$:

$$w^{br} = c + \frac{(\alpha - c)(U - 4\gamma t)}{2(U - 2\gamma t)}。$$

将 w^{br} 代入式(6-15)、式(6-16)和式(6-17)分别得到 q^{br}、e^{br} 和 p^{br}。

定理 6.4 证明

(1) 参数对 w^{br} 的影响:

从表 6-4 可以得到：

$$w^{br}=c+\frac{(\alpha-c)}{2}\left[1-\frac{2t\gamma}{\lambda\beta(2+\eta)-2\gamma^2-2t\gamma}\right],$$

$$\frac{\partial w^{br}}{\partial \gamma}=\frac{(\alpha-c)[-4t\gamma^2-2t(\eta+2)\lambda\beta]}{2[(\eta+2)\lambda\beta-2\gamma(t+\gamma)]^2}<0。$$

由此可知，w^{br} 随着 λ，β，η 增大而增大，随着 γ，t 增加而减小。

(2) 参数对 q^{br} 的影响：

从表 6-4 可以得到：

$$q^{br}=\frac{(\alpha-c)\lambda}{2(\eta+2)\lambda\beta-4\gamma^2-4\gamma t},$$

$$\frac{\partial q^{br}}{\partial \lambda}=\frac{(\alpha-c)(-2\gamma^2-2t\gamma)}{2[(\eta+2)\lambda\beta-2\gamma(t+\gamma)]^2}<0。$$

由此可知，q^{br} 随着 λ，β，η 增加而减小，随着 γ，t 增大而增大。

(3) 参数对 e^{br} 的影响：

从表 6-4 可以得到：

$$e^{br}=\frac{(\alpha-c)\lambda}{2[(\eta+2)\lambda\beta-2\gamma^2-2\gamma t]}。$$

显然，e^{br} 随着 λ，β，η 增加而减少，随着 t 增加而增加。此外，本章得到：

$$\frac{\partial e^{br}}{\partial \gamma}=\frac{(\alpha-c)[(\eta+2)\lambda\beta+2\gamma^2]}{2[(\eta+2)\lambda\beta-2\gamma(t+\gamma)]^2}>0。$$

那么可知，e^{br} 随着 γ 增加而增加。

(4) 参数对 p^{br} 的影响：

从表 6-4 可以，p^{br} 对于 λ 和 β 求导后，本章得到：

$$\frac{\partial p^{br}}{\partial \lambda}=\frac{\beta\gamma(\alpha-c)[(1+\eta)t-\gamma]}{[(\eta+2)\lambda\beta-2\gamma(t+\gamma)]^2},$$

$$\frac{\partial p^{br}}{\partial \beta}=\frac{\lambda\gamma(\alpha-c)[(1+\eta)t-\gamma]}{[(\eta+2)\lambda\beta-2\gamma(t+\gamma)]^2}。$$

如果 $\gamma>(1+\eta)t$，得到 $\frac{\partial p^{br}}{\partial \lambda}<0$，$\frac{\partial p^{br}}{\partial \beta}<0$，那么 p^{br} 随着 λ，β 增大而减小。否则，$\frac{\partial p^{br}}{\partial \lambda}>0$，$\frac{\partial p^{br}}{\partial \beta}>0$，那么 p^{br} 随着 λ，β 增大而增大。

此外，第 6 章得到：

$$\frac{\partial p^{br}}{\partial \eta}=\frac{\lambda\beta(\alpha-c)(2t\gamma-\lambda\beta)}{2[(\eta+2)\lambda\beta-2\gamma(t+\gamma)]^2}<0,$$

$$\frac{\partial p^{br}}{\partial t} = \frac{\gamma(\alpha-c)[2\gamma^2-(\eta+1)\lambda\beta]}{[(\eta+2)\lambda\beta-2\gamma(t+\gamma)]^2}<0_\circ$$

基于第 6 章的假设，也即 $\lambda\beta \geqslant (\gamma+t)^2$，所以上述不等式成立。相应地，$p^{br}$ 随着 η，t 增大而减小。

解完 p^{br} 有关于 γ 的一阶导数，本章得到：

$$\frac{\partial p^{br}}{\partial \gamma} = \frac{(\alpha-c)\{[2\gamma-t(1+\eta)]\lambda\beta-2t\gamma^2\}}{[(\eta+2)\lambda\beta-2\gamma(t+\gamma)]^2}_\circ$$

因为 $2\gamma-t(1+\eta)>0$，$\frac{\partial p^{br}}{\partial \gamma}$ 的分子随着 $\lambda\beta$ 增大而增大。存在一个阈值，$F_1 = \frac{2t\gamma^2}{2\gamma-t(1+\eta)}$，如果 $\lambda\beta > F_1$，$\frac{\partial p^{br}}{\partial \gamma} > 0$ 且 p^{br} 随着 γ 增大而增大。否则 p^{br} 随着 γ 增大而减小。

(5) 参数对 Π_r^{br} 的影响：

从表 6-4 可以得到 Π_r^{br} 随着 η 增大而减小，随着 t 增大而增大。

本章分别求得 Π_r^{br} 关于 λ，β，γ 的一阶导数，得到：

$$\frac{\partial \Pi_r^{br}}{\partial \lambda} = \frac{(\alpha-c)^2[(\eta+2)\lambda\beta-2\gamma^2-2\gamma t][-(4-2\eta)\lambda\beta\gamma^2-8t\gamma\lambda\beta]}{8[(\eta+2)\lambda\beta-2\gamma(t+\gamma)]^4}<0,$$

$$\frac{\partial \Pi_r^{br}}{\partial \beta} = \frac{(\alpha-c)^2[(\eta+2)\lambda\beta-2\gamma^2-2\gamma t][2\eta\lambda^2\gamma^2-2(\eta+2)\lambda^3\beta-4\lambda^2\gamma t]}{8[(\eta+2)\lambda\beta-2\gamma(t+\gamma)]^4}<0,$$

$$\frac{\partial \Pi_r^{br}}{\partial \gamma} = \frac{(\alpha-c)^2[(\eta+2)\lambda\beta-2\gamma^2-2\gamma t][(6-\eta)\lambda^2\beta\gamma+4\lambda^2\beta t-2\gamma^3\lambda]}{4[(\eta+2)\lambda\beta-2\gamma(t+\gamma)]^4}>0_\circ$$

因此，到 Π_r^{br} 随着 λ，β 增大而减小，随着 γ 增大而减小。

(6) 参数对 Π_m^{br} 的影响：

从表 6-4 可以得到，Π_m^{br} 随着 η，β 增大而减小，随着 γ，t 增大而增大。分别求得 Π_m^{br} 关于 λ 的一阶导数，本章得到：

$$\frac{\partial \Pi_m^{br}}{\partial \lambda} = \frac{-(\alpha-c)^2(\gamma^2+t\gamma)}{[(\eta+2)\lambda\beta-2\gamma(t+\gamma)]^2}<0_\circ$$

所以，Π_m^{br} 随着 λ 增大而减小。

引理 6.3 证明

通过将零售商 i 的利润函数对于订单量 q_i 求解一阶导数，本章得到：

$$\frac{\partial \Pi_{r,i}^0}{\partial q_i} = \alpha-2\beta q_i-\beta\eta q_{3-i}-w_i_\circ$$

因为 $\frac{\partial^2 \Pi_{r,i}^0}{\partial q_i^2} = -2\beta < 0$，零售商的利润是关于 q_i 的凹函数。同样的，零

售商 $3-i$ 的利润是关于它的订货量 q_{3-i} 的凹函数。

给定批发价，通过求解一阶导数得到最优订货量：

$$q_i^*(w_i, w_{3-i}) = \frac{(2-\eta)\alpha + \eta w_i - 2w_{3-i}}{\beta(4+\eta^2)},$$

$$q_{3-i}^*(w_i, w_{3-i}) = \frac{(2-\eta)\alpha + \eta w_{3-i} - 2w_i}{\beta(4+\eta^2)}。$$

将零售商的最优决策代入制造商的利润函数中，得到关于 w_i 的一阶导数：

$$\frac{\partial \Pi_m^0}{\partial w_i} = \frac{(2-\eta)(\alpha+c) + 2\eta w_{3-i} - 4w_i}{\beta(4+\eta^2)}。$$

通过求解上述方程，可得到最优批发价格 $w_i^* = w_{3-i}^* = w^0 = c + \frac{\alpha-c}{2}$。

通过把 w^0 代入和 q_i^* 和利润函数，本章得到表 6-6 的结果。

定理 6.5 证明

记零售商在 "br" 情景与 "m" 情景之间的利润差为 $\Delta \Pi_r^{brm}$，

$\Delta \Pi_r^{brm} = \Pi_r^{br} - \Pi_r^m$

$$= \frac{\{(2\lambda\beta-\gamma^2)[\lambda\beta(2+\eta)-(\gamma+t)^2]^2 - 2\lambda\beta[\lambda\beta(2+\eta)-2\gamma(\gamma+t)]^2\}\lambda(\alpha-c)^2}{4(U-2\gamma t)^2[\lambda\beta(2+\eta)-(\gamma+t)^2]^2}$$

$$= \frac{\{\lambda^2\beta^2(2+\eta)[(2-\eta)\gamma^2-4t^2]-2\lambda\beta(\gamma+t)^2[(1-\eta)\gamma^2-t^2-2\gamma t]-\gamma^2(\gamma+t)^4\}\lambda(\alpha-c)^2}{4(U-2\gamma t)^2[\lambda\beta(2+\eta)-(\gamma+t)^2]^2}$$

(1) 如果 $(2-\eta)\gamma^2 \geqslant 4t^2$，

$\Delta \Pi_r^{brm} \geqslant$

$$\frac{\{\lambda\beta(\gamma+t)^2[(2+2\eta-\eta^2)\gamma^2-2(3+2\eta)t^2+4\gamma t]-\gamma^2(\gamma+t)^4\}\lambda(\alpha-c)^2}{4(U-2\gamma t)^2[\lambda\beta(2+\eta)-(\gamma+t)^2]^2},$$

将 $\Delta\Pi_r^{brm}$ 的下界表示为 $\Delta\widetilde{\Pi}(\eta)$。当 $2(1-\eta)\gamma^2 > 4t^2$ 时，$\frac{\partial \Delta\widetilde{\Pi}(\eta)}{\partial \eta} > 0$，$\Delta \Pi_r^{brm}$ 的下界随着 η 增大而增大；否则，其随着 η 增大而减小。

①如果 $2(1-\eta)\gamma^2 > 4t^2$，$\Delta \widetilde{\Pi}(\eta)$ 随着 η 增大而增大，$\min \Delta \widetilde{\Pi}(\eta) = \Delta \widetilde{\Pi}(0)$。本章得到：

$$\Delta\widetilde{\Pi}(0) = \frac{2\lambda\beta(\gamma+t)^2[(\gamma-t)(\gamma+3t)](\alpha-c)^2}{4(U-2\gamma t)^2[\lambda\beta(2+\eta)-(\gamma+t)^2]^2} > 0。$$

那么，$\Delta \Pi_r^{brm} \geqslant \Delta \widetilde{\Pi}(\eta) \geqslant \Delta \widetilde{\Pi}(0) > 0$。因此，$\Pi_r^{br} > \Pi_r^m$。

②如果 $2(1-\eta)\gamma^2 < 4t^2$，$\Delta\tilde{\Pi}(\eta)$ 随着 η 增大而减小，$\min\Delta\tilde{\Pi}(\eta) = \Delta\tilde{\Pi}(1)$。本章得到：

$$\Delta\tilde{\Pi}(1) = \frac{2\lambda\beta(\gamma+t)^2(3\gamma^2-10t^2+4\gamma t)\lambda(\alpha-c)^2}{4(U-2\gamma t)^2[\lambda\beta(2+\eta)-(\gamma+t)^2]^2}$$

$$> \frac{2\lambda\beta(\gamma+t)^2[3(\gamma^2-2t^2)]\lambda(\alpha-c)^2}{4(U-2\gamma t)^2[\lambda\beta(2+\eta)-(\gamma+t)^2]^2} > 0。$$

基于 $(2-\eta)\gamma^2 \geqslant 4t^2$，因为 $\gamma^2 > 2t^2$，所以上述不等式成立。那么，$\Delta\Pi_r^{brm} \geqslant \Delta\tilde{\Pi}(\eta) \geqslant \Delta\tilde{\Pi}(1) > 0$。因此，$\Pi_r^{br} > \Pi_r^m$。

(2) 如果 $(2-\eta)\gamma^2 < 4t^2$，

$$\frac{\partial\Delta\Pi_r^{brm}}{\partial\eta} = \lambda^2\beta^2(-2\eta\gamma^2-4t^2)+2\lambda\beta(\gamma+t)^2\gamma^2 \leqslant \lambda(\gamma+t)^2[(2-2\eta)\gamma^2-4t^2] < 0$$

因此，$\Delta\Pi_r^{brm}$ 随着 η 增大而减小。

此外，得到：

$$\Pi_r^{br} - \Pi_r^0 = \frac{(\alpha-c)^2\{\lambda\beta(2+\eta)[8\gamma(\gamma+t)-\gamma^2(2+\eta)]-8\gamma^2(\gamma+t)^2\}}{8\beta(2+\eta)^2[\lambda\beta(2+\eta)-2\gamma^2-2\gamma t]^2}$$

$$\geqslant \frac{(\alpha-c)^2(\gamma+t)^2[(4+\eta(4-\eta))\gamma^2+8(2+\eta)\gamma t]}{8\beta(2+\eta)^2[\lambda\beta(2+\eta)-2\gamma^2-2\gamma t]^2} > 0,$$

并且

$$\Pi_r^m - \Pi_r^0 = \frac{2\lambda\beta(2+\eta)(\gamma+t)^2(\alpha-c)^2}{4\beta(2+\eta)^2[\lambda\beta(2+\eta)-(\gamma+t)^2]^2} > 0。$$

因此，$\Pi_r^{br} > \Pi_r^0$ 且 $\Pi_r^m > \Pi_r^0$。

此外，因为 $\gamma > t$，得到

$$\frac{\lambda(\alpha-c)^2}{2\lambda\beta(2+\eta)-4\gamma^2-4\gamma t} > \frac{\lambda(\alpha-c)^2}{2\lambda\beta(2+\eta)-2(\gamma+t)^2}。$$

此外，显然

$$\frac{\lambda(\alpha-c)^2}{2\lambda\beta(2+\eta)-2(\gamma+t)^2} > \frac{\lambda(\alpha-c)^2}{2\lambda\beta(2+\eta)}。$$

因此，得到 $\Pi_m^{br} > \Pi_m^m > \Pi_m^0$。

定理 6.6 证明

(1) 比较 w^{br}、w^m 和 w^0。得到

$$w^m - w^0 = \frac{(\alpha-c)(\gamma^2-t^2)}{2\lambda\beta(\eta+2)-2(t+\gamma)^2} > 0, \quad w^0 - w^{br} = \frac{t\gamma(\alpha-c)}{U-2t\gamma} > 0,$$

也即 $w^{br} < w^0 < w^m$。

(2) 比较 q^{br}、q^m 和 q^0。得到

$$q^{br}-q^m=\frac{\lambda(\alpha-c)(\gamma^2-t^2)}{2[(2+\eta)\lambda\beta-2\gamma(\gamma+t)][(2+\eta)\lambda\beta-(\gamma+t)^2]}>0,$$

$$q^m-q^0=\frac{(\alpha-c)(\gamma+t)^2}{2\beta(2+\eta)[\lambda\beta(2+\eta)-(\gamma+t)^2]}>0,$$

也即 $q^0<q^m<q^{br}$。

(3) 比较 p^{br}、p^m 和 p^0。得到

$$p^{br}-p^0=\frac{(\alpha-c)[\gamma^2-(1+\eta)\gamma t]}{(2+\eta)\lambda\beta-\gamma(\gamma+t)}。$$

如果 $\eta<\dfrac{\gamma}{t}-1$,则 $p^{br}>p^0$;否则 $p^{br}<p^0$。得到

$$p^m-p^0=\frac{(\alpha-c)(\gamma+t)[(3+\eta)\gamma-(1+\eta)t]}{2(2+\eta)[(2+\eta)\lambda\beta-(\gamma+t)^2]}>0,$$

因此 $p^m>p^0$。

因此,得到

$$p^m-p^{br}=\frac{(\alpha-c)[(1+\eta)\gamma^2+2(2+\eta)\gamma t-(\alpha-c)(1+\eta)t^2]\lambda\beta-2\gamma^2(\gamma+t)^2}{2[(2+\eta)\lambda\beta-(\gamma+t)^2][(2+\eta)\lambda\beta-2\gamma(\gamma+t)]}。$$

且基于 $(1+\eta)\gamma^2+2(2+\eta)\gamma t-(1+\eta)t^2>0$,得到 $[(1+\eta)\gamma^2+2(2+\eta)\gamma t-(1+\eta)t^2]\lambda\beta-2\gamma^2(\gamma+t)^2$ 随着 $\lambda\beta$ 增大而增大。如果 $\lambda\beta>F_4$,那么 $p^m>p^{br}$,否则 $p^m<p^{br}$。其中,

$$F_4=\frac{2\gamma^2(t+\gamma)^2}{(1+\eta)\gamma^2+2(2+\eta)\gamma t-(1+\eta)t^2}。$$

(4) 比较 $2e^{br}$ 和 e^m,得到

$$e^m-2e^{br}=\frac{(\alpha-c)[t(\eta+2)\lambda\beta-\gamma(\gamma+t)^2]}{[\lambda\beta(2+\eta)-(\gamma+t)^2](U-2\gamma t)}。$$

如果 $\lambda\beta(2+\eta)>\dfrac{\gamma}{t}(\gamma+t)^2$,那么 $e^m>2e^{br}$,否则 $e^m<2e^{br}$。

引理 6.4 证明

零售商 i 通过求解订货量 q_i 和社会责任投资水平 e_i 使自身利润最大化,零售商 $3-i$ 仅仅通过求解她的订货量 q_{3-i} 使自身利润最大化。对应的一阶导数为:

$$\frac{\partial \Pi_{r,i}^{sr}}{\partial q_i}=\alpha-2\beta q_i-\beta\eta q_{3-i}+\gamma e_i-w_i=0,$$

$$\frac{\partial \Pi_{r,i}^{sr}}{\partial e_i}=\gamma q_i-\lambda e_i=0,$$

$$\frac{\partial \Pi_{r,3-i}^{sr}}{\partial q_{3-i}} = \alpha - 2\beta q_{3-i} - \beta\eta q_i + \gamma e_i - w_j = 0。$$

对于零售商 i，得到

$$\frac{\partial^2 \Pi_{r,i}^{sr}}{\partial q_i^2} = -2\beta, \quad \frac{\partial^2 \Pi_{r,i}^{sr}}{\partial e_i^2} = -\lambda, \quad \frac{\partial \Pi_{r,i}^{sr}}{\partial q_i \partial e_i} = \frac{\partial \Pi_{r,i}^{sr}}{\partial e_i \partial q_i} = \gamma。$$

因此，黑塞矩阵是负定的并且满足二阶条件。所以，由一阶导数求得的 q_i 和 e_i 就是零售商 i 的最优策略。对于没有进行社会责任投资的零售商，也即零售商 $3-i$，$\frac{\partial^2 \Pi_{r,3-i}^{sr}}{\partial q_{3-i}^2} = -2\beta$。因此，利润函数是关于 q_{3-i} 的凹函数。通过求解一阶导数，可以得到最优订货量。解出（q_i，e_i，q_{3-i}）得到式（6—22）、式（6—23）和式（6—24）。

定理 6.7 证明

分别对制造商利润关于 w_i 和 w_{3-i} 求一阶导，得到：

$$\frac{\partial \Pi_m^{sr}}{\partial w_i} = \left[1 + t\frac{\partial e_i(w_i, w_{3-i})}{\partial w_i}\right]q_i + t\frac{\partial e_i(w_i, w_{3-i})}{\partial w_i}q_{3-i} +$$

$$(w_i + te_i - c)\frac{\partial q_i(w_i, w_{3-i})}{\partial w_i} + (w_{3-i} + te_i - c)\frac{\partial q_{3-i}(w_i, w_{3-i})}{\partial w_i},$$

$$\frac{\partial \Pi_m^{sr}}{\partial w_{3-i}} = t\frac{\partial e_i(w_i, w_{3-i})}{\partial w_{3-i}}q_i + \left[1 + t\frac{\partial e_i(w_i, w_{3-i})}{\partial w_{3-i}}\right]q_{3-i} +$$

$$(w_i + te_i - c)\frac{\partial q_i(w_i, w_{3-i})}{\partial w_{3-i}} + (w_{3-i} + te_i - c)\frac{\partial q_{3-i}(w_i, w_{3-i})}{\partial w_{3-i}}。$$

其中，

$$\frac{\partial q_i(w_i, w_{3-i})}{\partial w_i} = -\frac{2\lambda}{X}, \quad \frac{\partial q_i(w_i, w_{3-i})}{\partial w_{3-i}} = \frac{\lambda\eta}{X},$$

$$\frac{\partial q_{3-i}(w_i, w_{3-i})}{\partial w_i} = \frac{\lambda\beta\eta - \gamma^2}{\beta X}, \quad \frac{\partial q_{3-i}(w_i, w_{3-i})}{\partial w_{3-i}} = -\frac{2\lambda\beta - \gamma^2}{\beta X},$$

$$\frac{\partial e_i(w_i, w_{3-i})}{\partial w_i} = -\frac{2\gamma}{X}, \quad \frac{\partial e_i(w_i, w_{3-i})}{\partial w_{3-i}} = \frac{\gamma\eta}{X},$$

$$X = \lambda\beta(4 - \eta^2) - \gamma^2(2 - \eta)。$$

一阶导数可以写为：

$$\frac{\partial \Pi_m^{sr}}{\partial w_i} = \alpha(2-\eta)[\lambda\beta X - t\gamma(6\lambda\beta - \lambda\beta\eta + \gamma^2)] + c[2\lambda\beta - \lambda\beta\eta + \gamma^2]X -$$

$$w_i[4\lambda\beta X - 4t\gamma(2\lambda\beta - \lambda\beta\eta + \gamma^2)] + w_{3-i}\{(2\lambda\beta\eta - \gamma^2)X +$$

$$t\gamma[2(2\lambda\beta - \lambda\beta\eta - \gamma^2) - \eta(2\lambda\beta - \lambda\beta\eta + \gamma^2)]\} = 0,$$

$$\frac{\partial \Pi_m^{sr}}{\partial w_{3-i}} = \alpha(2-\eta)[\lambda\beta X - t\gamma(2\lambda\beta - 3\lambda\beta\eta - \gamma^2)] + c[2\lambda\beta - \lambda\beta\eta - \gamma^2]X +$$
$$w_i\{(2\lambda\beta\eta - \gamma^2)X + t\gamma[2(2\lambda\beta - \lambda\beta\eta - \gamma^2) - \eta(2\lambda\beta - \lambda\beta\eta + \gamma^2)]\} - w_{3-i}[2(2\lambda\beta - \gamma^2)X + 2t\gamma\eta(2\lambda\beta - \lambda\beta\eta - \gamma^2)] = 0。$$

得到

$$\frac{\partial^2 \Pi_m^{sr}}{\partial w_i^2} = -4[\lambda^2\beta^2(4-\eta^2) - \gamma^2(2-\eta)\lambda\beta - t\gamma\lambda\beta(2-\eta) - \gamma^3 t]$$
$$= -4\lambda\beta(2-\eta)[\lambda\beta(2+\eta) - \gamma(\gamma+t)] - \gamma^3 t$$
$$\leqslant -4\lambda\beta(2-\eta)[(\gamma+t)^2(1+\eta)] - \gamma^3 t < 0,$$
$$\frac{\partial^2 \Pi_m^{sr}}{\partial w_{3-i}^2} = -2[(2\lambda\beta - \gamma^2)X + t\gamma\eta(\lambda\beta(2-\eta) - \gamma^2)] < 0,$$

且

$$\frac{\partial \Pi_m^{sr}}{\partial w_i \partial w_{3-i}} = \frac{\partial \Pi_m^{sr}}{\partial w_{3-i} \partial w_i} = (2\lambda\beta\eta - \gamma^2)X + t\gamma[2(2\lambda\beta - \lambda\beta\eta - \gamma^2) - \eta(2\lambda\beta - \lambda\beta\eta + \gamma^2)]。$$

因此，

$$\begin{vmatrix} \dfrac{\partial^2 \Pi_m^{sr}}{\partial w_i^2} & \dfrac{\partial \Pi_m^{sr}}{\partial w_i \partial w_{3-i}} \\ \dfrac{\partial \Pi_m^{sr}}{\partial w_{3-i} \partial w_i} & \dfrac{\partial^2 \Pi_m^{sr}}{\partial w_{3-i}^2} \end{vmatrix}$$

$$= [4\lambda^2\beta^2(4-\eta^2) - 4\gamma^2\lambda\beta(2-\eta) - \gamma^2(\gamma^2+t^2)]X^2 -$$
$$2(2-\eta)t\gamma X[2\lambda^2\beta^2(4-\eta^2) + \gamma^2\lambda\beta(\eta-2) - \gamma^2]$$
$$= [4\lambda^2\beta^2(4-\eta^2) - 4\gamma^2\lambda\beta(2-\eta) - \gamma^2(\gamma^2+t^2)]X^2 -$$
$$2(2-\eta)t\gamma X\{2\lambda\beta[\lambda\beta(4-\eta^2) - \gamma^2(2-\eta)] + \gamma^2[\lambda\beta(2+\eta) - \gamma^2]\}$$
$$= [4\lambda^2\beta^2(4-\eta^2) - 4\gamma^2\lambda\beta(2-\eta) - \gamma^2(\gamma^2+t^2)]X^2 -$$
$$4\lambda\beta(2-\eta)t\gamma X^2 - 2t\gamma^3 X^2$$
$$= [4\lambda^2\beta^2(4-\eta^2) - 4\lambda\beta(2-\eta)\gamma(\gamma+t) - \gamma^2(\gamma+t)^2]X^2$$
$$= [(2\lambda\beta(2-\eta) - \gamma(\gamma+t))^2 + 2(4\eta\lambda^2\beta^2(2-\eta) - \gamma^2(\gamma+t)^2)]X^2 > 0。$$

那么，制造商的利润是关于 w_i 和 w_{3-i} 的凹函数。求解一阶导，得到

$$w_i^{sr} = \frac{A_1 D + A_2 C}{BD - C^2}, \quad w_{3-i}^{sr} = \frac{A_1 C + A_2 B}{BD - C^2}。$$

其中，

$$A_1 = \alpha(2-\eta)[\lambda\beta X - t\gamma(6\lambda\beta - \lambda\beta\eta + \gamma^2)] + c[2\lambda\beta - \lambda\beta\eta + \gamma^2]X,$$
$$A_2 = \alpha(2-\eta)[\lambda\beta X - t\gamma(2\lambda\beta - 3\lambda\beta\eta - \gamma^2)] + c[2\lambda\beta - \lambda\beta\eta - \gamma^2]X,$$

$B = 4\lambda\beta X - 4t\gamma(2\lambda\beta - \lambda\beta\eta + \gamma^2)$,
$C = (2\lambda\beta\eta - \gamma^2)X + t\gamma[2(2\lambda\beta - \lambda\beta\eta - \gamma^2) - \eta(2\lambda\beta - \lambda\beta\eta + \gamma^2)]$,
$D = 2(2\lambda\beta - \gamma^2)X + 2t\gamma\eta(2\lambda\beta - \lambda\beta\eta - \gamma^2)$。

定理 6.8 证明

当零售商 i 在 SR 情境下进行社会责任投资,将搭便车者的批发价 w_{3-i}^{sr} 与 M 情境中 w^0 比较,得到:

$$w^m - w_{3-i}^{sr} = \frac{\lambda\beta(\alpha-c)(\gamma-t)(\eta-2)^2(2\lambda\beta+\lambda\beta\eta-\gamma^2)^2[2\lambda\beta\gamma(4-\eta^2)+4\lambda\beta t(4-\eta^2)+\eta\gamma(\gamma+2t)(\gamma+t)-2\gamma(3\gamma+2t)(\gamma+t)]}{2(BD-C^2)\lambda\beta(2+\eta)-(\gamma+t)^2}$$

$$\geqslant \frac{\lambda\beta(\alpha-c)(\gamma^2-t^2)(\eta-2)^2(2\lambda\beta+\lambda\beta\eta-\gamma^2)^2[2\gamma(4-\eta^2)(\gamma+t)+4t(4-\eta^2)(\gamma+t)+\eta\gamma(\gamma+2t)-2\gamma(3\gamma+2t)]}{2(BD-C^2)(\lambda\beta(2+\eta)-(\gamma+t)^2)} > 0$$。

其中,

$B = 4\lambda\beta X - 4t\gamma(2\lambda\beta - \lambda\beta\eta + \gamma^2)$,
$C = (2\lambda\beta\eta - \gamma^2)X + t\gamma[2(2\lambda\beta - \lambda\beta\eta - \gamma^2) - \eta(2\lambda\beta - \lambda\beta\eta + \gamma^2)]$,
$D = 2(2\lambda\beta - \gamma^2)X + 2t\gamma\eta(2\lambda\beta - \lambda\beta\eta - \gamma^2)$,
$BD > C^2$。

因为 $\lambda\beta \geqslant (\gamma+t)^2$,所以上述不等式成立,$\eta \in [0, 1]$。

当零售商 i 在 SR 情境下进行社会责任投资,比较搭便车者的批发价 w_{3-i}^{sr} 与没有社会责任投资的情境中 w^0,得到:

$$w_{3-i}^{sr} - w^0 = \frac{\gamma(\alpha-c)(\gamma-t)(2-\eta)^2[\lambda\beta(2+\eta)-\gamma^2]^2[2\lambda\beta(2-\eta)+\gamma^2+\gamma t]}{2(BD-C^2)[\lambda\beta(2+\eta)-(\gamma+t)^2]} > 0$$。

当零售商 i 在 SR 情境下进行社会责任投资,将她的批发价 w_i^{sr} 与基础模型五社会责任投资的情境中 w^0 比较,得到:

$$w^0 - w_i^{sr} = \frac{\gamma(\alpha-c)(2-\eta)^2(2\lambda\beta+\lambda\beta\eta-\gamma^2)^2[6\lambda\beta t(2-\eta)+2\lambda\beta\gamma(2-\eta)-\gamma(\gamma^2-t^2)]}{2(BD-C^2)}$$

$$\geqslant \frac{\gamma(\alpha-c)(2-\eta)^2(2\lambda\beta+\lambda\beta\eta-\gamma^2)^2(\gamma+t)[6(\gamma+t)t(2-\eta)+2(\gamma+t)\gamma(2-\eta)-(\gamma^2-\gamma t)]}{2(BD-C^2)} > 0$$。

因为 $\lambda\beta \geqslant (\gamma+t)^2$,所以上式成立。从定理 6.6 可知 $w^0 < w^m$。那么第 6 章得到 $w_i^{sr} < w^0 < w_{3-i}^{sr} < w^m$,其中 $i \in \{1, 2\}$ 是 SR 情境中唯一的投资者。

附录 E 第七章证明

E.1 证明

引理 7.1 证明

第一种情况：制造商进行社会责任投资。

从式(7-1)得到 $[\partial \pi_r^m(p)/\partial p]=1-2p+\gamma e+w$ 和 $[\partial^2\pi_r^m(p)/(\partial p^2)]=-2<0$，这说明 $\pi_r^m(p)$ 是关于 p 的凹函数。令 $[\partial \pi_r^m(p)/\partial p]=0$，可得 $p=[(1+\gamma e+w)/2]$。把 $p=[(1+\gamma e+w)/2]$ 代入式 (7-2)，得到

$$\pi_m^m(w,e)=\frac{1}{2}(w-c+te)(1+\gamma e-w)-\lambda e^2。$$

由于 $[(\partial^2\pi_m^m(w,e))/\partial(w^2)]=-1<0$，$[(\partial^2\pi_m^m(w,e))/(\partial e^2)]=\gamma t-2\lambda<0$，以及 $[(\partial^2\pi_m^m(w,e))/\partial w\partial e]=[(\partial^2\pi_m^m(w,e))/(\partial e\partial w)]=(1/2)(\gamma-t)>0$。那么，

$$\begin{vmatrix} \dfrac{\partial^2\pi_m^m(w,e)}{\partial w^2} & \dfrac{\partial^2\pi_m^m(w,e)}{\partial w\partial e} \\ \dfrac{\partial^2\pi_m^m(w,e)}{\partial e\partial w} & \dfrac{\partial^2\pi_m^m(w,e)}{\partial e^2} \end{vmatrix}=2\lambda-(1/4)(\gamma+t)^2。$$

因为 $2\lambda>(\gamma+t)^2$，那么 $2\lambda-(1/4)(\gamma+t)^2>0$，$\pi_m^m(w,e)$ 是关于 w 和 e 的联合凹函数。最优 w 和 e 可以通过求解一阶导数得到

$$\frac{\partial\pi_m^m(w,e)}{\partial w}=\frac{1}{2}(1+\gamma e-te-2w+c)=0,$$

$$\frac{\partial\pi_m^m(w,e)}{\partial e}=\frac{1}{2}(t+2\gamma te-tw+\gamma w-\gamma c)-2\lambda e=0。$$

那么，得到 $e^M=[((\gamma+t)(1-c))/(8\lambda-(\gamma+t)^2)]$，并且 $w^M=c+[((4\lambda-\gamma t-t^2)(1-c))/8\lambda-(\gamma+t)^2]$。将 e^M 和 w^M 代入 $p=[(1+\gamma e+w)/2]$，得到 $p^M=c+[((6\lambda-t^2-\gamma t)(1-c))/(8\lambda-(\gamma+t)^2)]$。

通过分别把最优解 p^M，e^M，w^M 代入制造商和零售商的利润，得到

$$\Pi_M^M(w^M,e^M)=\frac{\lambda(1-c)^2}{8\lambda-(\gamma+t)^2},$$

$$\Pi_R^M(p^M)=\frac{4\lambda^2(1-c)^2}{[8\lambda-(\gamma+t)^2]^2}。$$

第二种情况：零售商进行社会责任投资。

从式(7—3)，得到$[(\partial \pi_r^r(p,e))/\partial p]=1-2p+\gamma e+w$，$[(\partial \pi_r^r(p,e))/\partial e]=\gamma p-\gamma w-2\lambda e$，$[(\partial^2 \pi_r^m(p,e))/(\partial p^2)]=-2<0$，$[(\partial^2 \pi_r^r(p,e))/(\partial e^2)]=-2\lambda<0$，$[(\partial^2 \pi_r^m(p,e))/(\partial p\partial e)]=[(\partial^2 \pi_r^m(p,e))/(\partial e\partial p)]=\gamma>0$，那么根据第7章的假设：

$$\begin{vmatrix} \dfrac{\partial^2 \pi_r^r(p,e)}{\partial p^2} & \dfrac{\partial^2 \pi_r^r(p,e)}{\partial p \partial e} \\ \dfrac{\partial^2 \pi_r^r(p,e)}{\partial e \partial p} & \dfrac{\partial^2 \pi_r^r(p,e)}{\partial e^2} \end{vmatrix}=4\lambda-\gamma^2>0,$$

也即$\pi_r^r(p,e)$是关于p和e的联合凹函数。

令$[(\partial \pi_r^r(p,e))/\partial p]=[(\partial \pi_r^r(p,e))/\partial e]=0$，第7章得到$p=[(2\lambda(1-w)-\gamma^2 w)/(4\lambda-\gamma^2)]$，$e=[(1-w)\gamma/(4\lambda-\gamma^2)]$。把$p=[2\lambda(1-w)-\gamma^2 w)/(4\lambda-\gamma^2)]$和$e=[(1-w)\gamma/(4\lambda-\gamma^2)]$代入式(7—4)，得到

$$\pi_m^r(w)=\left[w-c+\frac{\gamma t(1-w)}{4\lambda-\gamma^2}\right]\frac{2\lambda(1-w)}{4\lambda-\gamma^2}。$$

因为$[(\partial^2 \pi_m^r(w))/(\partial w^2)]=[(-4\lambda(4\lambda-\gamma^2-\gamma t))/((\lambda-\gamma^2)^2)]<0$，$\pi_m^r(w)$是关于$w$的凹函数。通过求解一阶导数得到

$$\frac{\partial \pi_m^r(w)}{\partial w}=\frac{2\lambda}{4\lambda-\gamma^2}\left[1-2w+c-\frac{2\gamma t(1-w)}{(4\lambda-\gamma^2)^2}\right]=0。$$

那么，得到$w^R=c+[((4\lambda-\gamma(\gamma+2t))(1-c))/(8\lambda-2\gamma(\gamma+t))]$。

把w^R代入e和p，得到：$e^R=[\gamma(1-c)/(8\lambda-2\gamma(\gamma+t))]$，$p^R=c+[((6\lambda-\gamma(\gamma+2t))(1-c))/(8\lambda-2\gamma(\gamma+t))]$。通过分别把最优解$p^R$，$e^R$，$w^R$代入制造商和零售商的利润，得到

$$\Pi_M^R(w^R)=\frac{\lambda(1-c)^2}{8\lambda-2\gamma(\gamma+t)},$$

$$\Pi_R^R(p^R,e^R)=\frac{\lambda(4\lambda-\gamma^2)(1-c)^2}{4[4\lambda-\gamma(\gamma+t)]^2}。$$

比较制造商进行社会责任投资（即Π_M^i）和不进行社会责任投资（即Π_M^0）的情况，易得$\Pi_M^M>\Pi_M^0$和$\Pi_M^R>\Pi_M^M$。

从假设中的$\lambda\geqslant(\gamma+t)^2/2$，本章得到$\Pi_R^M>\Pi_R^0$。此外，基于相同的假设，得到

$$4\lambda(4\lambda-\gamma^2)-[4\lambda-\gamma(\gamma+t)]^2=4\lambda\gamma(\gamma+2t)-\gamma^2(\gamma+t)^2$$
$$\geqslant(\gamma+t)^2(\gamma+4t)>0。$$

那么，$\Pi_R^R > \Pi_R^0$。

引理 7.2 证明

从式（7—5），得到 $[(\partial \pi_{SC}(p,e))/\partial p] = -2p + 1 + c + (\gamma - t)e$，$[(\partial \pi_r^r(p,e))/\partial e] = (\gamma - t)p + t - \gamma c + 2(\gamma t - \lambda)e$，$[(\partial^2 \pi_{SC}(p,e))/\partial p^2] = -2 < 0$，$[(\partial^2 \pi_r^m(p,e))/\partial e^2] = 2\gamma t - 2\lambda < 0$，$[(\partial^2 \pi_r^m(p,e))/(\partial e \partial p)] = [(\partial^2 \pi_r^m(p,e))/(\partial e \partial p)] = \gamma - t > 0$。

那么根据第 7 章的假设

$$\begin{vmatrix} \dfrac{\partial^2 \pi_r^r(p,e)}{\partial p^2} & \dfrac{\partial^2 \pi_r^r(p,e)}{\partial p \partial e} \\ \dfrac{\partial^2 \pi_r^r(p,e)}{\partial e \partial p} & \dfrac{\partial^2 \pi_r^r(p,e)}{\partial e^2} \end{vmatrix} = 4\lambda - (\gamma + t)^2 > 0,$$

因此，$\pi_{SC}(p,e)$ 是关于 p,e 的联合凹函数。

令 $[(\partial \pi_{SC}(p,e))/\partial p] = [(\partial \pi_{SC}(p,e))/\partial e] = 0$，本章得到 $p^I = c + [((2\lambda - t^2 - t\gamma)(1-c))/(4\lambda - (\gamma+t)^2)]$，$e^I = [((\gamma+t)(1-c))/(4\lambda - (\gamma+t)^2)]$。然后把 p^I 和 e^I 代入 π_{SC}，本章得到集成供应链的最优利润：$\Pi^I = [(\lambda(1-c)^2)/(4\lambda - (\gamma+t)^2)]$。

推论 7.1 证明

$\pi_M^M + \pi_R^M = [(\lambda(1-c)^2[12\lambda - (\gamma-t)^2])/([8\lambda - (\gamma-t)^2]^2)]$ 和 $\pi_M^R + \pi_R^R = [(\lambda(1-c)^2[12\lambda - 3\gamma^2 - 2\gamma t])/(4[4\lambda - \gamma(\gamma+t)^2]^2)]$。它们差别在于 $\Pi^I = [(\lambda(1-c)^2)/(4\lambda - (\gamma+t)^2)]$。

引理 7.3 证明

因为 $\Pi^I - \pi_R^0 - \pi_M^0 = [(\lambda(1-c)^2)/(4\lambda - (\gamma+t)^2)] - [3(1-c)^2/16] = [(4\lambda + 3(\gamma+t)^2)/(16(4\lambda - (\gamma+t)^2))] > 0, \Pi^I > \pi_R^0 + \pi_M^0$。

令 $\Pi^I = \pi_R^i + \pi_M^i$，本章把它们代入议价商品。求解议价产品的下列一阶导数后：

$(1-\theta)(\pi_R^i - f_R)^{-\theta}(\Pi^I - \pi_R^i - f_m)^{\theta} - \theta(\pi_R^i - f_R)^{1-\theta}(\Pi^I - \pi_R^i - f_m)^{\theta-1} = 0,$

得到：

$$\pi_R^i = (1-\theta)(\Pi^I - \pi_M^0) + \theta \pi_R^0,$$
$$\pi_M^P = \theta(\Pi^I - \pi_R^0) + (1-\theta)\pi_M^0.$$

定理 7.2 证明

需要注意的是，在签订议价契约后，社会责任投资的水平与集成供应链的投资水平相等。通过比较 e^M，e^R，e^I 的值，本章可以很容易地得到结果。

定理 7.3 证明

可以看到 $\Pi_M^M > \Pi_M^B|_{\theta=0} = (1-c)^2/8$。因为 $\Pi_M^B|_{\theta=1} - \Pi_M^M = [(32\lambda^2+12\lambda(\gamma+t)^2-(\gamma+t)^4)([8\lambda-(\gamma+t)^2][4\lambda-(\gamma+t)^2])] > 0$，$\Pi_M^B$ 随着 θ 增加而增加，存在 θ_1^M 是 $\Pi_M^B = \Pi_M^M$ 的解。如果 $\theta > \theta_1^M$，那么 $\Pi_M^B > \Pi_M^M$；反之，则 $\Pi_M^B \leqslant \Pi_M^M$。通过求解 $\Pi_M^B = \Pi_M^M$，本章得到

$$\theta_1^M = [(4\lambda-(\gamma+t)^2)/(8\lambda-(\gamma+t)^2)]。$$

同样的，可以发现 $\Pi_R^M > \Pi_R^B|_{\theta=1} = (1-c)^2/16$。比较 $\Pi_R^B|_{\theta=0}$ 和 Π_R^M，得到

$$\Pi_R^B|_{\theta=0} - \Pi_R^M$$

$$= \frac{128\lambda^3 - 32\lambda^2(\gamma+t)^2 + 4\lambda(\gamma+t)^4 + (\gamma+t)^2(64\lambda^2 - 16\lambda(\gamma+t)^2(\gamma+t)^4)}{[8\lambda-(\gamma+t)^2][4\lambda-(\gamma+t)^2]}。$$

因为 $2\lambda > (\gamma+t)^2$，所以上式为正。因为 Π_R^B 随着 θ 增加而减少，存在 θ_2^M 是 $\Pi_R^B = \Pi_R^M$ 的解。如果 $\theta < \theta_2^M$，那么 $\Pi_R^B > \Pi_R^M$；反之，则 $\Pi_R^B \leqslant \Pi_R^M$。通过求解 $\Pi_R^B = \Pi_R^M$，本章得到 $\theta_2^M = (48\lambda^2 - 12\lambda(\gamma+t)^2 + (\gamma+t)^4)/((8\lambda-(\gamma+t)^2)^2)$。

定理 7.4 证明

可以发现 $\Pi_M^R > \Pi_M^B|_{\theta=0} = (1-c)^2/8$。此外，因为 $32\lambda^2 > 2(\gamma+t)^4 > 2\gamma(\gamma+t)^3$，本章得到

$$\Pi_M^B|_{\theta=1} - \Pi_M^R$$

$$= [(32\lambda^2 + 24\lambda t(\gamma+t)^2 - 2\gamma(\gamma+t)^3)]/[8\lambda-(\gamma+t)^2][4\lambda-(\gamma+t)^2] > 0。$$

因为 Π_M^B 随着 θ 增加而增加，所以存在 θ_1^R 是 $\Pi_M^B = \Pi_M^R$ 的解。如果 $\theta > \theta_1^R$，那么 $\Pi_M^B > \Pi_M^R$；反之，则 $\Pi_M^B \leqslant \Pi_M^R$。求解 $\Pi_M^B = \Pi_M^R$，本章得到

$$\theta_1^R = (4\lambda-(\gamma+t)^2)/(8\lambda-2\gamma(\gamma+t))。$$

对于零售商的利润，得到

$$\Pi_R^B|_{\theta=1} - \Pi_R^R = [(-32\lambda\gamma(\gamma+t) + 4\gamma^2(\gamma+t)^2 - 16\lambda\gamma^2)/16[4\lambda-\gamma(\gamma+t)]^2)] < 0。$$

随后比较 $\Pi_R^B|_{\theta=0}$ 和 Π_R^R

$$\max(\Pi_R^B) - \Pi_R^R =$$

$$\frac{16\lambda^2(2\lambda-\gamma(\gamma+t)) + 8\lambda(\gamma+t)(2\lambda-\gamma(\gamma+t)) + 8\lambda^2 t^2 + 2\lambda\gamma^2(\gamma+t)^2 + \gamma^2(\gamma+t)^4}{[8\lambda-(\gamma+t)^2][4\lambda-\gamma(\gamma+t)]^2}。$$

因为 $2\lambda > (\gamma+t)^2 > \gamma(\gamma+t)$，所以上式为正。因为 Π_R^B 随着 θ 增加而减

少，所以存在一个 θ_2^R 为 $\Pi_R^B = \Pi_R^R$ 的解。如果 $\theta > \theta_2^R$，那么 $\Pi_R^B > \Pi_R^R$；反之，则 $\Pi_R^B \leqslant \Pi_R^R$。通过求解 $\Pi_R^B = \Pi_R^R$，本章得到

$$\theta_2^R = [48\lambda^2 - 32\lambda(\gamma+t)^2 + 3\gamma^2(\gamma+t)^2 + 4\lambda\gamma^2 + 4\lambda(\gamma+t)^2]/[4(4\lambda-\gamma(\gamma+t))^2]。$$

推论 7.2 证明

首先，本章发现 $\theta_1^M < \theta_2^M$，$\theta_1^R < \theta_2^R$。因为 $\theta_1^M - \theta_2^M = (-16\lambda^2)/[(8\lambda-(\gamma+t)^2)^2] < 0$，$\theta_1^M < \theta_2^M$。因为 $\theta_1^R - \theta_2^R = [-8\lambda(2\lambda-\gamma(\gamma+t)) - 3\gamma^2(\gamma+t)^2 - 2\lambda(6t^2 + 2\gamma t + \gamma^2)]/[4(4\lambda-\gamma(\gamma+t))^2][8\lambda-2\gamma(\gamma+t)] < 0$，$\theta_1^R < \theta_2^R$。然后，结合定理 7.3 和定理 7.4 的结果，证明完成。

定理 7.5 证明

引理 7.1 和引理 7.2 可以很容易地证明 e^i（$\forall i = I, R, M$）随着 λ 增大而减小。由于直接补贴降低了投资成本（即 λ），所以直接补贴可以带来更高的社会责任投资水平。

把 e^i，p^i，$(i = I, R, M)$ 代入 PE^i，得到以下的结果。

(1) 议价时的集成供应链：

$$\frac{\partial PE^I}{\partial \lambda} = \frac{(1-c)^2 b(8\lambda(\gamma+t)+(\gamma+t)^3)}{(4\lambda-(\gamma+t)^2)^3} - e_0 \frac{(1-c)b(\gamma+t)^2}{(4\lambda-(\gamma+t)^2)^2}$$

因为 $[(1-c)b(\gamma+t)^2]/[4\lambda-(\gamma+t)^2]^2 > 0$，$[(\partial PE^I)/(\partial \lambda)]$ 随着 e_0 增大而减小。使上式为 0，本章得到 $\tilde{e}_0^I = ((1-c)[8\lambda+(\gamma+t)^2])/((4\lambda-(\gamma+t)^2)(\gamma+t))$。当 $e_0 > \tilde{e}_0^I$，$(\partial PE^I)(\partial \lambda) < 0$，$PE^I$ 随着 λ 增大而减小。由于直接补贴降低了投资成本（即 λ），因此直接补贴会导致更高的碳排放总量。当 $e_0 < \tilde{e}_0^I$，$(\partial PE^I)/(\partial \lambda) > 0$，直接补贴降低了碳排放总量。

(2) 由制造商进行社会责任投资的批发价格契约：

$$\frac{\partial PE^M}{\partial \lambda} = \frac{(1-c)^2 b[16\lambda(\gamma+t)+(\gamma+t)^3]}{(8\lambda-(\gamma+t)^2)^3} - e_0 \frac{(1-c)b(\gamma+t)^2}{[8\lambda-(\gamma+t)^2]^2}$$

因为 $[((1-c)b(\gamma+t)^2)/((8\lambda-(\gamma+t)^2)^2)] > 0$，$[(\partial PE^M)/(\partial \lambda)]$ 随着 e_0 增大而减小。使上式为 0，本章得到 $\tilde{e}_0^M = [((1-c)[16\lambda+(\gamma+t)^2])/((8\lambda-(\gamma+t)^2)(\gamma+t))]$。当 $e_0 > \tilde{e}_0^M$，$[(\partial PE^M)/(\partial \lambda)] < 0$，$PE^M$ 随着 λ 增大而减小。由于直接补贴降低了投资成本（即 λ），因此直接补贴会导致更高的碳排放总量。当 $e_0 < \tilde{e}_0^M$，$[(\partial PE^M)/(\partial \lambda)] > 0$，直接补贴降低了碳排放总量。

(3) 由零售商进行社会责任投资的批发价格契约：

$$\frac{\partial PE^R}{\partial \lambda} = \frac{(1-c)^2 b[16\lambda\gamma + 4\gamma^2(\gamma+t)]}{[8\lambda - 2\gamma(\gamma+t)]^3} - e_0 \frac{4(1-c)b\gamma(\gamma+t)}{[8\lambda - 2\gamma(\gamma+t)]^2}。$$

因为$[(2(1-c)b\gamma(\gamma+t))/((8\lambda - 2\gamma(\gamma+t)^2)]>0$，$[(\partial PE^R)/(\partial \lambda)]$ 随着 e_0 增大而减小。使上式为 0，本章得到 $\tilde{e}_0^R = [(4(1-c)[4\lambda+\gamma(\gamma+t)])/((8\lambda-2\gamma(\gamma+t))(\gamma+t))]$。当 $e_0 > \tilde{e}_0^R$，$[(\partial PE^R)/(\partial \lambda)]<0$，$PE^R$ 随着 λ 增大而减小。由于直接补贴降低了投资成本（即 λ），因此直接补贴会导致更高的碳排放总量。当 $e_0 < \tilde{e}_0^R$，$[(\partial PE^R)/(\partial \lambda)]>0$，直接补贴降低了碳排放总量。

定理 7.6 证明

从引理 7.1 易得 e^R 随着 t 增大而增大。从引理 7.1 和引理 7.2，本章得到 $(\partial e^I/\partial t) = [((1-c)[4\lambda+(\gamma+t)^2])/((4\lambda-(\gamma+t)^2)^2)]>0$ 和 $(\partial e^M/\partial t) = [((1-c)[8\lambda+(\gamma+t)^2])/((8\lambda-(\gamma+t)^2)^2)]>0$，$e^I$ 和 e^M 随着 t 增大而增大。因此，间接补贴导致了更高的社会责任投资。

把 e^i，p^i ($i=I, R, M$) 代入 PE^i，得到以下的结论。

①议价时的集成供应链

$$\frac{\partial PE^I}{\partial t} = -\frac{6b(1-c)^2\lambda(\gamma+t)^2}{[4\lambda-(\gamma+t)^2]^3} + e_0\frac{4(1-c)b\lambda(\gamma+t)}{[4\lambda-(\gamma+t)^2]^2}。$$

因为$[(4(1-c)b\lambda(\gamma+t))/((4\lambda-(\gamma+t)^2)^2)]>0$，$[(\partial PE^I)/(\partial t)]$ 随着 e_0 增大而增大。使得上式为 0，本章得到 $\hat{e}_0^i = ((1-c)[8\lambda+(\gamma+t)^2])/((4\lambda-(\gamma+t)^2)(\gamma+t))$。当 $e_0 > \hat{e}_0^I$，$[(\partial PE^I)/\partial t]>0$，$PE^I$ 随着 t 增大而增大。这意味着间接补贴导致了更高的碳排放总量。当 $e_0 < \hat{e}_0^I$，$\partial PE^I \partial t < 0$，$PE^I$ 随着 t 增加而减小，这意味着间接补贴可以降低碳排放总量。

②由制造商进行社会责任投资的批发契约

$$\frac{\partial PE^M}{\partial t} = -\frac{b(1-c)^2[16\lambda^2+2\lambda(\gamma+t)^2+2(\gamma+t)^2]}{[8\lambda-(\gamma+t)^2]^3} + e_0\frac{2(1-c)b(\gamma+t)}{[8\lambda-(\gamma+t)^2]^2}。$$

因为$[(2(1-c)b(\gamma+t))/((8\lambda-(\gamma+t)^2)^2)]>0$，$[(\partial PE^M)/\partial t]$ 随着 e_0 增大而增大。使得上式为 0，本章得到 $\hat{e}_0^I = (1-c)[8\lambda^2+\lambda(\gamma+t)+(\gamma+t)]/(8\lambda-(\gamma+t)^2)$。当 $e_0 > \hat{e}_0^M$，$[(\partial PE^M)/\partial t]>0$，$PE^I$ 随着 t 增大而增大，这意味着间接补贴导致了更高的碳排放总量。当 $e_0 < \hat{e}_0^M$，$[(\partial PE^M)/\partial t]<0$，$PE^I$ 随着 t 增大而减小，这意味着间接补贴降低了碳排放总量。

③由零售商进行社会责任投资的批发价格契约

$$\frac{\partial PE^R}{\partial t} = -\frac{8b(1-c)^2\lambda\gamma^2}{(8\lambda-2\gamma(\gamma+t))^3} + e_0\frac{4(1-c)b\lambda\gamma}{(8\lambda-2\gamma(\gamma+t))^2}。$$

因为$[(4(1-c)b\lambda\gamma)/((8\lambda-2\gamma(\gamma+t))^2)]>0$,$[(\partial PE^R)/\partial t]$随着$e_0$增大而增大。使得上式为0,本章得到$\hat{e}_0^R=[2\gamma/(8\lambda-2\gamma(\gamma+t))]>0$。当$e_0>\hat{e}_0^R$,$[(\partial PE^R)/\partial t]>0$,$PE^R$随着$t$增大而增大,这意味着间接补贴导致了更高的碳排放总量。当$e_0<\hat{e}_0^R$,$[(\partial PE^R)/\partial t]<0$,$PE^R$随着$t$增大而减小,这意味着间接补贴可以降低碳排放总量。

E.2

考虑供应链社会责任投资的两部制收费契约和收益共享契约

在两部制收费契约下,制造商向零售商收取单位批发价格w和额外的一次性付款F。在第一种情况中,当制造商进行社会责任投资时,供应链各成员的利润如下:

$$\pi_M^M = (w-c-T(e))(1-p+\gamma e) - \lambda e^2 + F,$$
$$\pi_R^M = (p-w)(1-p+\gamma e) - F。$$

另一方面,在第二种情况中,当零售商进行社会责任投资时,供应链各成员的利润为:

$$\pi_M^R = (w-c-T(e))(1-p+\gamma e) + F,$$
$$\pi_R^R = (p-w)(1-p+\gamma e) - \lambda e^2 - F。$$

在收益共享契约下,制造商向零售商收取单位批发价格w,而零售商将收益按$1-\alpha$的比例分享给制造商。在第一种情况中,当制造商进行社会责任投资时,供应链各成员的利润为:

$$\pi_M^M = (1-\alpha)p(1-p+\gamma e) + (w-c+te)(1-p+\gamma e) - \lambda e^2,$$
$$\pi_R^M = (\alpha p - w)(1-p+\gamma e)。$$

另一方面,在第二种情况中,当零售商进行社会责任投资时,供应链各成员的利润为:

$$\pi_M^R = (1-\alpha)p(1-p+\gamma e) + (w-c+te)(1-p+\gamma e),$$
$$\pi_R^R = (\alpha p - w)(1-p+\gamma e) - \lambda e^2。$$

定理7.1 证明

(1) 在两部制收费契约下,制造商向零售商收取单位批发价格w和额外的一次性付款F。在第一种情况中,当制造商进行社会责任投资时,供应链各成员的利润为：

$$\pi_M^M=(w-c-T(e))(1-p+\gamma e)-\lambda e^2+F,$$
$$\pi_R^M=(p-w)(1-p+\gamma e)-F。$$

将零售商的利润函数对 p 求一阶导数，本章得到 $[(\partial \pi_{rm}^M(p))/\partial p]=1-2p+\gamma e+w$，以及 $[(\partial^2 \pi_{rm}^M(p))/(\partial p^2)]=-2<0$。这说明 π_{rm}^M 是关于 p 的凹函数。令 $\partial(\pi_{rm}^M)/\partial p=0$，可得 $1-2p+\gamma e+w=0$。为了协调供应链，将 $p=p^I$，$e=e^I$ 代入上述方程，本章得到 $[((1-c)(t^2+\gamma t))/(4\lambda-(\gamma+t)^2)]+(w-c)=0$。这说明 $w<c$，无法达到协调。另一方面，对于第二种情况，当零售商进行社会责任投资，各个供应链主体的利润将变成

$$\pi_M^R=(w-c)Q=(w-c-T(e))(1-p+\gamma e)+F,$$
$$\pi_R^R=(p-w)Q-\lambda e^2=(p-w)(1-p+\gamma e)-\lambda e^2-F。$$

类似的结果仍然存在，也即无法实现协调。

（2）在收益共享契约下，零售商的收益将由零售商和制造商分别按比例 α 和 $1-\alpha$ 分享。另外，制造商向零售商收取单位批发价格 w。在收益共享契约下，例如在第一种情况中，当制造商进行社会责任投资时，供应链各成员的利润为

$$\pi_M^M=(1-\alpha)p(1-p+\gamma e)+(w-c+te)(1-p+\gamma e)-\lambda e^2,$$
$$\pi_R^M=(\alpha p-w)(1-p+\gamma e)。$$

将零售商的利润函数对 p 求导，本章得到 $[(\partial \pi_{rm}^M(p))/\partial p]=\alpha(1-2p+\gamma e)+w$ 和 $[(\partial^2 \pi_{rm}^M(p))/(\partial p^2)]=-2\alpha<0$。这说明 π_{rm}^M 是关于 p 的凹函数。令 $\partial[(\pi_{rm}^M(p))/\partial p]=0$，得到 $\alpha(1-2p+\gamma e)+w=0$。为了协调供应链，将 $p=p^I$，$e=e^I$ 代入上述方程，得到 $[((1-c)(t^2+\gamma t))/(4\lambda-(\gamma+t)^2)]+(w-\alpha c)=0$。这说明 $w<\alpha c\leqslant c$，协调无法实现。另一方面，例如第二种情况，当零售商进行社会责任投资时，供应链各成员的利润为

$$\pi_M^R=(1-\alpha)p(1-p+\gamma e)+(w-c+te)(1-p+\gamma e),$$
$$\pi_R^R=(\alpha p-w)(1-p+\gamma e)-\lambda e^2。$$

类似的结果仍然存在，无法实现协调。

E.3

议价基准利润标准化为零的情况

这里本章考虑一种特殊情况，议价基准阈值被标准化为零。在这种情况下，当谈判破裂时（Nagarajanh et al.，2008；Baron et al.，2016），企业停

止交易，无法获得利润。本章用 $f_R=0$ 和 $f_M=0$ 来反映这种状态。调整后的纳什议价产品 $\Phi(e^i, p^i)$ 变为

$$\Phi(e^i, p^i)=(\pi_R^i)^{1-\theta}(\pi_M^i)^{\theta}。$$

社会责任投资和零售价为 $e^R=e^M=e^I$ 和 $p^R=p^M=p^I$。议价会导致如下的利润分配：

$$\Pi_R^B=(1-\theta)\Pi^I=\frac{(1-\theta)\lambda(1-c)^2}{4\lambda-(\gamma+t)^2},$$

$$\Pi_M^B=\theta\Pi^I=\frac{\theta\lambda(1-c)^2}{4\lambda-(\gamma+t)^2}。$$

接下来，本章分别比较了具有议价契约的制造商和零售商的利润，以及进行社会责任投资时的批发价格契约的利润，得到了以下结果：

当制造商进行社会责任投资时，如果 $\theta=\tilde{\theta}_1^M(\theta=\tilde{\theta}_2^M)$，制造商（零售商）对签订议价契约和批发价格契约不感兴趣。[$\tilde{\theta}_1^M=(4\lambda-(\gamma+t)^2)/(8\lambda-(\gamma+t)^2)$，$\tilde{\theta}_2^M=(32\lambda^2-8\lambda(\gamma+t)^2+(\gamma+t)^4)/(8\lambda-(\gamma+t)^2)^2$]。

因为 $\tilde{\theta}_1^M-\tilde{\theta}_2^M=-[(4\lambda(\gamma+t)^2)/([8\lambda-(\gamma+t)^2]^2)]<0$，所以当 $\theta\in[\tilde{\theta}_1^M, \tilde{\theta}_2^M]$ 时，与签订批发价格契约相比，签订议价契约可以给制造商和零售商带来更大的好处。

当零售商进行社会责任投资时，制造商（零售商）在 $\theta=\tilde{\theta}_1^R$ $(\theta=\tilde{\theta}_2^R)$ 时对签订议价契约和批发价格契约不感兴趣。[$\tilde{\theta}_1^R=(4\lambda-(\gamma+t)^2)/(8\lambda-2\gamma(\gamma+t))$，$\tilde{\theta}_2^R=(64\lambda^2-32\lambda\gamma(\gamma+t)+3\gamma^2(\gamma+t)^2+4\lambda\gamma^2+4\lambda(\gamma+t)^2)/(8\lambda-2\gamma(\gamma+t))^2$]。

因为假设 $\lambda\geqslant(\gamma+t)^2/2$，得到 $\tilde{\theta}_1^R-\tilde{\theta}_2^R=[-32\lambda^2+24\lambda\gamma(\gamma+t)-3\gamma^2(\gamma+t)^2-4\lambda\gamma^2-12\lambda(\gamma+t)^2+2\gamma(\gamma+t)^3]/[8\lambda-2\gamma(\gamma+t)]^2<0$。当 $\theta\in[\tilde{\theta}_1^R,\tilde{\theta}_2^R]$ 时，对于制造商和零售商，相比于批发价格契约，议价契约都可以带来更多的利益。

参考文献

[1] AGRAWAL A, KIM Y, KWON H D, et al. Investment in shared suppliers: effect of learning, spillover, and competition[J]. Production and operations management, 2016, 25(4): 736-750.

[2] AGRAWAL V V, ATASU A, VAN WASSENHOVE L N. OM forum: new opportunities for operations management research in sustainability[J]. Manufacturing & service operations management, 2019, 21(1): 1-12.

[3] ALI S M, RAHMAN M H, TUMPA T J, et al. Examining price and service competition among retailers in a supply chain under potential demand disruption[J]. Journal of retailing and consumer services, 2018, 40: 40-47.

[4] ANDERSON E J, BAO Y. Price competition with integrated and decentralized supply chains[J]. European journal of operational research, 2010, 200(1): 227-234.

[5] ANUPINDI R, BASSOK Y. Centralization of stocks: retailers VS. manufacturer[J]. Management science, 1999, 45(2): 178-191.

[6] APPLE GROUP. Annual green bound impact report: 2017 update [EB/OL]. [2018-04-28]. http://files.shareholder.com/.downloads/AAPL/4034275272x0x928237/03A2856E-EA7A-4FD0-9C0D-37963A4336DB/Apple_GreenBond_Report_Feb2018.pdf.

[7] APPLE. Apple Environmental responsibility report[EB/OL]. [2017-04-20]. https://images.apple.com/environment/pdf/Apple_Environmental_Responsibility_Report_2017.pdf.

[8] APPLE. Apple now globally powered by 100 percent renewable energy [EB/OL]. (2018-04-09) [2018-04-28]. https://www.apple.com/newsroom/2018/04/apple-now-globally-powered-by-100-percent-

renewable-energy/.

[9] ATASU A, CORBETT C J, HUANG X, et al. Sustainable operations management through the perspective of manufacturing & service operations management[J]. Manufacturing & service operations management, 2020, 22(1):146-157.

[10] ATASU A, ÖZDEMIR Ö, VAN WASSENHOVE L N. Stakeholder perspectives on e-waste take-back legislation[J]. Production and operations management, 2013, 22(2):382-396.

[11] BARBOZA D. Foxconn increases size of raise in Chinese factories[EB/OL]. (2010-06-06)[2018-04-28]. http://www.nytimes.com/2010/06/07/business/global/07foxconn.html.

[12] BARON D P. Private politics, corporate social responsibility, and integrated strategy[J]. Journal of economics & management strategy, 2001, 10(1):7-45.

[13] BARON O, BERMAN O, WU D. Bargaining within the supply chain and its implications in an industry[J]. Decision sciences, 2016, 47(2):193-218.

[14] BEMPORAD R, BARANOWSKI M. Conscious consumers are changing the rules of marketing: are you ready? highlights from the BBMG conscious consumer report[EB/OL]. [2017-10-14]. http://ec.europa.eu/commfrontoffice/publicopinion/archives/ebs/ebs_295_en.pdf.

[15] BENJAAFAR S, LI Y, DASKIN M. Carbon footprint and the management of supply chains: Insights from simple models[J]. IEEE transactions on automation science and engineering, 2012, 10(1):99-116.

[16] BERNSTEIN F, FEDERGRUEN A. Pricing and replenishment strategies in a distribution system with competing retailers[J]. Operations research, 2003, 51(3):409-426.

[17] BERNSTEIN F, NAGARAJAN M. Competition and cooperative bargaining models in supply chains[J]. Foundations and trends in technology, Information and operations management, 2012, 5(2):87-145.

[18] BISWAS I, RAJ A, SRIVASTAVA S K. Supply chain channel coordination with triple bottom line approach[J]. Transportation research

part e:logistics and transportation review,2018,115:213-226.

[19] CACHON G,NETESSINE S. Game theory in supply chain analysis. handbook of quantitative supply chain analysis:modeling in the e-business era[M]. Dordrecht:Kluwer academic publishers,2004:13-66.

[20] CACHON G P. Supply chain coordination with contracts[J]. Handbook of operations research and management science:supply chain management,2003,11:227-339.

[21] CAI G G,ZHANG Z G,ZHANG M. Game theoretical perspectives on dual-channel supply chain competition with price discounts and pricing schemes[J]. International journal of production economics,2009,117(1):80-96.

[22] CAO E,WAN C,LAI M. Coordination of a supply chain with one manufacturer and multiple competing retailers under simultaneous demand and cost disruptions[J]. International journal of production economics,2013,141(1):425-433.

[23] CARO F,CORBETT C J,TAN T,et al. Double counting in supply chain carbon footprinting[J]. Manufacturing & service operations management,2013,15(4):545-558.

[24] CHAN H-L,CHOI T-M,CAI Y-J,et al. Environmental taxes in newsvendor supply chains:a mean-downside-risk analysis[J]. IEEE transactions on systems, man, and cybernetics: systems, 2018, 50 (12): 4856-4869.

[25] CHAN H-L,SHEN B,CAI Y. Quick response strategy with cleaner technology in a supply chain:coordination and win-win situation analysis[J]. International journal of production research, 2018, 56 (10): 3397-3408.

[26] CHEN J,QI A,DAWANDE M. Supplier centrality and auditing priority in socially responsible supply chains[J]. Manufacturing & service operations management,2020,22(6):1199-1214.

[27] CHEN L,ZHAO X,TANG O,et al. Supply chain collaboration for sustainability:a literature review and future research agenda[J]. International journal of production economics,2017,194:73-87.

[28] CHEN X, LUO Z, WANG X. Impact of efficiency, investment, and competition on low carbon manufacturing[J]. Journal of cleaner production, 2017, 143: 388-400.

[29] CHEN X, WANG X. Free or bundled: channel selection decisions under different power structures[J]. Omega, 2015, 53: 11-20.

[30] CHEN X, WANG X, CHAN H K. Manufacturer and retailer coordination for environmental and economic competitiveness: a power perspective[J]. Transportation research part e: logistics and transportation review, 2017, 97: 268-281.

[31] CHEN X, WANG X, JIANG X. The impact of power structure on the retail service supply chain with an O2O mixed channel[J]. Journal of the operational research society, 2016, 67(2): 294-301.

[32] CHEN X, WANG X, KUMAR V, et al. Low carbon warehouse management under cap-and-trade policy[J]. Journal of cleaner production, 2016, 139: 894-904.

[33] CHEN Y J, SHEU J B. Environmental-regulation pricing strategies for green supply chain management[J]. Transportation research part e: logistics and transportation review, 2009, 45(5): 667-677.

[34] CHENG Y, KUANG Y, SHI X, et al. Sustainable investment in a supply chain in the big data era: an information updating approach[J]. Sustainability, 2018, 10(2): 403.

[35] CHOI S C. Price competition in a channel structure with a common retailer[J]. Marketing science, 1991, 10(4): 271-296.

[36] CHOI T-M. Local sourcing and fashion quick response system: the impacts of carbon footprint tax[J]. Transportation research part e: logistics and transportation review, 2013a, 55: 43-54.

[37] CHOI T-M. Carbon footprint tax on fashion supply chain systems[J]. The international journal of advanced manufacturing technology, 2013, 68(1-4): 835-847.

[38] CHOI T-M. Supply chain systems coordination with multiple risk sensitive retail buyers[J]. IEEE transactions on systems, man, and cybernetics: systems, 2016, 46(5): 636-645.

[39] CHOI T-M, CHIU C-H, GOVINDAN K, et al. Sustainable fashion supply chain management: the european scenario[J]. European management journal, 2014, 32(5): 821-822.

[40] CHOI T-M, CHOW P-S, LEE C H, et al. Used intimate apparel collection programs: A game-theoretic analytical study[J]. Transportation research part e: logistics and transportation review, 2018, 109: 44-62.

[41] CHOI T-M, LUO S. Data quality challenges for sustainable fashion supply chain operations in emerging markets: roles of blockchain, government sponsors and environment taxes[J]. Transportation research part e: logistics and transportation review, 2019, 131: 139-152.

[42] CHOI T-M, SHEN B, CAI Y. Sustainable fashion supply chain management in the big data era: a system of systems perspective[J]. IEEE transactions on engineering management, 2019, 99: 1-16.

[43] CREYER E H, ROSS JR W T. The influence of firm behavior on purchase intention: do consumers really care about business ethics[J]. Journal of consumer market, 1997, 14: 421-432.

[44] CRYSTAL GROUP. Sustainability framework[EB/OL]. [2018-05-05]. https://www.crystalgroup.com/sustainability.

[45] DA SILVA A C, MXAS M P, QUELHAS O L G. Restrictive factors in implementation of clean technologies in red ceramic industries[J]. Journal of cleaner production, 2017, 168: 441-451.

[46] DAI Y, GAO Y, GAO H, et al. Real-time pricing scheme based on Stackelberg game in smart grid with multiple power retailers[J]. Neurocomputing, 2017, 260: 149-156.

[47] DEO S, CORBETT C J. Cournot competition under yield uncertainty: the case of the U.S. influenza vaccine market[J]. Manufacturing & service operations management, 2009, 11(4): 563-576.

[48] DONG C, LIU Q, SHEN B. To be or not to be green? strategic investment for green product development in a supply chain[J]. Transportation research part e: logistics and transportation review, 2019, 131(2): 193-227.

[49] DONG C, SHEN B, CHOW P S, et al. Sustainability investment under

cap-and-trade regulation[J]. Annals of operations research,2016,240(2):509-531.

[50] DRAKE D F, KLEINDORFER P R, VAN WASSENHOVE L N. Technology choice and capacity portfolios under emissions regulation [J]. Production and operations management,2015,25(6):1006-1025.

[51] DU S, WANG L, HU L,et al. Platform-led green advertising: promote the best or promote by performance[J]. Transportation research part e: logistics and transportation review,2019,128:115-131.

[52] DU S, ZHU J, JIAO H, et al. Game-theoretical analysis for supply chain with consumer preference to low carbon[J]. International journal of production research,2015,53(12):3753-3768.

[53] DUKES A J, GEYLANI T, SRINIVASAN K. Strategic assortment reduction by a dominant retailer[J]. Marketing science,2009,28(2):309-319.

[54] ERTEK G, GRIFFIN P M. Supplier-and buyer-driven channels in a two-stage supply chain[J]. IIE transactions,2002,34(8):691-700.

[55] ESFAHBODI A, ZHANG Y, WATSON G. Sustainable supply chain management in emerging economies: trade-offs between environmental and cost performance[J]. International journal of production economics,2016,181:350-366.

[56] EUROPEAN COMMISSION Attitudes of Europeans Citizens Towards the Environment[EB/OL]. [2017-10-14]. http://www.ec.europa.eu/public_opinion/archives/ebs/ebs_295_en.pdf.

[57] FANG X, CHO S H. Cooperative approaches to managing social responsibility in a market with externalities[J]. Manufacturing & service operations management,2020,22(6):1215-1233.

[58] FELIX B, DE CLERCQ G. France raises carbon taxes, to repay EDF Renewables Debt. May [EB/OL]. [2018-05-05]. https://www.reuters.com/article/us-france-budget-carbon/france-raises-carbon-taxes-to-repay-edf-renewables-debt-idUSKCN1C21DL? il=0.

[59] FENG Q, LU L X. Supply chain contracting under competition: bilateral bargaining vs. stackelberg[J]. Production and operations manage-

ment,2012,22(3):661-675.

[60] FENG Q,LU L X. The strategic perils of low cost out-sourcing[J]. Management science,2012,58(6):1196-1210.

[61] FENG Q,LU L X. The role of contract negotiation and industry structure in production outsourcing[J]. Production and operations management,2013,22(5):1299-1319.

[62] GALBRETH M R,GHOSH B. Competition and sustainability:the impact of consumer awareness[J]. Decision sciences, 2013, 44(1): 127-159.

[63] GIRI B C,SHARMA S. Manufacturer's pricing strategy in a two-level supply chain with competing retailers and advertising cost dependent demand[J]. Economic modelling,2014,38:102-111.

[64] GUIOMAR M H,SIGUE S P. Prices,promotions,and channel profitability:was the conventional wisdom mistaken? [J]. European journal of operational research,2011,211(2):415-425.

[65] GUO R X,LEE H L,SWINNEY R. Responsible sourcing in supply chains[J]. Management sciences,2016,62(9):2722-2744.

[66] GUO S,CHOI T M,SHEN B. Green product development under competition:a study of the fashion apparel industry[J]. European journal of operation research,2019,280(2):523-538.

[67] GUO Z,LIU H,ZHANG D,et al. Green supplier evaluation and selection in apparel manufacturing using a fuzzy multi-criteria decision-making approach[J]. Sustainability,2017,9(4):650.

[68] GURNANI H,SHI M. A bargaining model for a first-time interaction under asymmetric beliefs of supply reliability[J]. Management science,2006,52(6):865-880.

[69] H&M GROUP. Sustainability Report 2017[EB/OL]. (2018-04-10) [2018-05-05]. http://sustainability. hm. com/content/dam/hm/about/documents/en/CSR/Report.

[70] H&M GROUP. Sustainability report 2018[EB/OL]. [2019-3-29]. https://sustainability. hm. com/content/dam/hm/about/documents/en/CSR/2018_sustainability_report/HM_Group_SustainabilityReport_

2018_%20FullReport_en.pdf.

[71] HE R,XIONG Y,LIN Z. Carbon emissions in a dual channel closed loop supply chain: the impact of consumer free riding behavior[J]. Journal of cleaner production,2016,134:384-394.

[72] HE Z,CHEN P,LIU H,et al. Performance measurement system and strategies for developing low-carbon logistics: a case study in China [J]. Journal of cleaner production,2017,156:395-405.

[73] HSU V N,LAI G,NIU B,et al. Leader-based collective bargaining: Cooperation mechanism and incentive analysis[J]. Manufacturing & service operations management,2016,19(1):72-83.

[74] HUANG L,SONG J S,SWINNEY R. Managing social responsibility in multitier supply chains[J]. Manufacturing & service operations management,forthcoming,2022.

[75] HUQ F A,CHOWDHURY I N,KLASSEN R D. Social management capabilities of multinational buying firms and their emerging market suppliers:an exploratory study of the clothing industry[J]. Journal of operations management,2016,46:19-37.

[76] IYER A V,BERGEN M E. Quick response in manufacturer-retailer channels[J]. Management science,1997,43(4):559-570.

[77] IYER G, VILLAS-BOAS J M. A bargaining theory of distribution channels[J]. Journal of marketing research,2003,40(1):80-100.

[78] JABER M Y,GLOCK C H,SAADANYAMEL. Supply chain coordination with emissions reduction incentives[J]. International journal of production research,2013,51(1):69-82.

[79] KALKANCI B,PLAMBECK E L. Managing supplier social and environmental impacts with voluntary versus mandatory disclosure to investors[J]. Management science,2020,66(8):3311-3328.

[80] KARAER Ö,KRAFT T,KHAWAM J. Buyer and nonprofit levers to improve supplier environmental performance[J]. Production and operations management,2017,26(6):1163-1190.

[81] KHUNTIA J,SALDANHA T J V,MITHAS S,et al. Information technology and sustainability:evidence from an emerging economy[J].

Production and operations management, 2018, 27(4):756-773.

[82] KNOTT A M, POSEN H E, WU B. Spillover asymmetry and why it matters[J]. Management science, 2009, 55(3):373-388.

[83] KöK A G, SHANG K, YÜCEL S. Impact of electricity pricing policies on renewable energy investments and carbon emissions[J]. Management science, 2016, 64(1):131-148.

[84] KRASS D, NEDOREZOV T, OVCHINNIKOV A. Environmental taxes and the choice of green technology[J]. Production and operations management, 2013, 22(5):1035-1055.

[85] LAI X, TAO Y, WANG F, et al. Sustainability investment in maritime supply chain with risk behavior and information sharing[J]. International journal of production economics, 2019, 218:16-29.

[86] LAM H K S, YEUNG A C L, CHENG T C E, et al. Corporate environmental initiatives in the Chinese context: performance implications and contextual factors[J]. International journal of production economics, 2016, 180:48-56.

[87] LEE H C B, CRUZ J M, SHANKAR R. Corporate social responsibility (CSR) issues in supply chain competition: should greenwashing be regulated? [J]. Decision sciences, 2018, 49(6):1088-1115.

[88] LEE H H, LI C. Supplier quality management: investment, inspection, and incentives[J]. Production and operations management, 2018, 27(2):304-322.

[89] LEE H L, PLAMBEC E L, SHAO M. Ma jun and the IPE: using information to improve China's environment, Case Study Sl-115[D]. Stanford: Stantord Graduate School of Business, Stantord University, 2009.

[90] LEE H L, TANG C S. Socially and environmentally responsible value chain innovations: new operations management research opportunities [J]. Management science, 2018, 64(3):983-996.

[91] LETIZIA P, HENDRIKSE G. Supply chain structure incentives for corporate social responsibility: an incomplete contracting analysis[J]. Production and operations management, 2016, 25(11):1919-1941.

[92] LETMATHE P, BALAKRISHNAN N. Environmental considerations on the optimal product mix[J]. European journal of operational research, 2005, 167(2): 398-412.

[93] LI G, LI L, CHOI T-M, et al. Green supply chain management in Chinese firms: Innovative measures and the moderating role of quick response technology[J]. Journal of operation management, 2019, 66(7/8): 958-988.

[94] LI Q, GUAN X, SHI T, et al. Green product design with competition and fairness concerns in the circular economy era[J]. International journal of production research, 2020, 58(1): 165-179.

[95] LI Q, SHEN B. Sustainable design operations in the supply chain: nonprofit manufacturer vs. for-profit manufacturer[J]. Sustainability, 2016, 8(7): 639.

[96] LI W Y, CHOW P S, CHOI T-M, et al. Supplier integration, green sustainability programs, and financial performance of fashion enterprises under global financial crisis[J]. Journal of cleaner production, 2016, 135: 57-70.

[97] LI Y, XU L, LI D. Examining relationships between the return policy, product quality, and pricing strategy in online direct selling[J]. International journal of production economics, 2013, 144(2): 451-460.

[98] LIU Z L, ANDERSON T D, CRUZ J M. Consumer environmental awareness and competition in two-stage supply chains[J]. European journal of operational research, 2012, 218(3): 602-613.

[99] LOCKE R M. The promise and limits of private power: promoting labor standards in a global economy[M]. New York: Cambridge University Press, 2013.

[100] LORENTZ H, KITTIPANYA-NGAM P, SRAI J S. Emerging market characteristics and supply network adjustments in internationalising food supply chains[J]. International journal of production economics, 2013, 145(1): 220-232.

[101] LOVEJOY W S. Bargaining chains[J]. Management science, 2010, 56(12): 2282-2301.

[102] LUO Z, CHEN X, CHEN J, et al. Optimal pricing policies for differentiated brands under different supply chain power structures[J]. European journal of operational research, 2017, 259(2):437-451.

[103] MAJUMDER P, SRINIVASAN A. Leader location, cooperation, and coordination in serial supply chains[J]. Production and operations management, 2006, 15(1):22.

[104] Marks & Spencer. Plan A Performance Update 2019 [EB/OL]. [2020-04-01]. https://corporate.marksandspencer.com/documents/reports-results-and-publications/plan-a-reports/plan-a-performance-update-2019.

[105] Marks & Spencer. Plan A Report 2016 [EB/OL]. [2017-03-29]. http://planareport.marksandspencer.com/M&S_PlanA_Report_2016.pdf.

[106] NAGARAJAN M, BASSOK Y. A bargaining framework in supply chains:the assembly problem[J]. Management science, 2008, 54(8):1482-1496.

[107] NAGARAJAN M, SOSI G. Game-theoretic analysis of cooperation among supply chain agents:review and extensions[J]. European journal of operational research, 2008, 187(3):719-745.

[108] NASH J FJR. The bargaining problem[J]. Econometrica:journal of the econometric society, 1950, 18(2):155-162.

[109] NIKE. Nike Takes Steps Toward 100% Renewable Energy in North America[EB/OL]. [2018-05-05]. https://news.nike.com/news/nike-renewable-energy-wind-farm.

[110] NIKE. Sustainable Business Report 2017[EB/OL]. [2016-06-15]. https://sustainability-nike.s3.amazonaws.com/wp-content/uploads/2018/05/18175102/NIKE-FY1617: Sustainable-Business-Report_FINAL.pdf.

[111] NIU B, CHEN L, ZHANG J. Punishing or subsidizing? regulation analysis of sustainable fashion procurement strategies[J]. Transportation research part e:logistics and transportation review, 2017, 107:81-96.

[112] NIU B,MU Z,LI B. O2O results in traffic congestion reduction and sustainability improvement: analysis of "online-to-store" channel and uniform pricing strategy[J]. Transportation research part e: logistics and transportation review,2019,122:481-505.

[113] NIU B,XU J,LEE C K M,et al. Order timing and tax planning when selling to a rival in a low-tax emerging market[J]. Transportation research part e: logistics and transportation review,2019a,123:165-179.

[114] NOUIRA I, FREIN Y, HADJ-ALOUANE A B. Optimization of manufacturing systems under environmental considerations for a greenness-dependent demand[J]. International journal of production economics,2014,150:188-198.

[115] PLAMBECK E L,TAYLOR T A. Testing by competitors in enforcement of product standards[J]. Management science, 2018, 65 (4): 1735-1751.

[116] QI W,LI L,LIU S,et al. Shared mobility for last-mile delivery: design, operational prescriptions, and environmental impact[J]. Manufacturing & service operations management,2018,20(4):737-751.

[117] QING Q,DENG T,WANG H. Capacity allocation under downstream competition and bargaining[J]. European journal of operational research,2017,261(1):97-107.

[118] ROSIČ H, JAMMERNEGG W. The economic and environmental performance of dual sourcing: a newsvendor approach[J]. International journal of production economics,2013,143(1):109-119.

[119] SAVASKAN R C,VAN WASSENHOVE L N. Reverse channel design: the case of competing retailers[J]. Management science,2006, 52(1):1-14.

[120] SERVAES H,TAMAYO A. The impact of corporate social responsibility on firm value: The role of customer awareness[J]. Management science,2013,59(5):1045-1061.

[121] SHEN B,CHOI T-M,WANG Y,et al. The coordination of fashion supply chains with a risk-averse supplier under the markdown money policy[J]. IEEE transactions on systems, man, and cybernetics: sys-

tems,2013,43(2):266-276.

[122] SHEN B,DING X,CHEN L,et al. Low carbon supply chain with energy consumption constraints: Case studies from China's textile industry and simple analytical model[J]. Supply chain management: an international journal,2017,22(3):258-269.

[123] SHEN B,LI Q. Impacts of returning unsold products in retail outsourcing fashion supply chain: a sustainability analysis[J]. Sustainability,2015,7(2):1172-1185.

[124] SHI R,ZHANG J,RU J. Impacts of power structure on supply chains with uncertain demand[J]. Production and operations management,2013,22(5):1232-1249.

[125] SHI X,CHAN H L,DONG C. Value of bargaining contract in a supply chain system with sustainability investment: an incentive analysis [J]. IEEE transactions on systems, man, and cybernetics: systems, 2020,50(4):1622-1634.

[126] SHI X,DONG C,ZHANG C,et al. Who should invest in clean technologies in a supply chain with competition? [J]. Journal of cleaner production,2019,215:689-700.

[127] SHI X, QIAN Y, DONG C. Economic and environmental performance of fashion supply chain: the joint effect of power structure and sustainable investment[J]. Sustainability,2017,9(6):961.

[128] SHI X,ZHANG X,DONG C,et al. Economic performance and emission reduction of supply chains in different power structures: perspective of sustainable investment[J]. Energies,2018,11(4):983.

[129] SIM J,OUARDIGHI F EL,KIM B. Economic and environmental impacts of vertical and horizontal competition and integration[J]. Naval research logistics,2019,66(2):133-153.

[130] SUM OF US. Bad medicine [EB/OL]. [2015-06-15]. https://s3. amazonaws. com/s3. sumofus. org/images/BAD_MEDICINE_final_ report. pdf.

[131] SWAMI S, SHAH J. Channel coordination in green supply chain management[J]. Journal of the operational research society,2013,64

(3):336-351.

[132] TANG C S. Socially responsible supply chains in emerging markets: some research opportunities[J]. Journal of operations management, 2018,57:1-10.

[133] TONG X,LAI K H,ZHU Q,et al. Multinational enterprise buyers' choices for extending corporate social responsibility practices to suppliers in emerging countries:a multi-method study[J]. Journal of operations management,2018,63:25-43.

[134] TOPTAL A,ÖZLÜ H,KONUR D. Joint decisions on inventory replenishment and emission reduction investment under different emission regulations[J]. International journal of production research, 2014,52(1):243-269.

[135] TSAY A A,AGRAWAL N. Channel dynamics under price and service competition[J]. Manufacturing & service operations management,2000,2(4):372-391.

[136] VAN WASSENHOVE L N. Sustainable innovation: pushing the boundaries of traditional operations management[J]. Production and operations management,2019,28(12):2930-2945.

[137] WANG M,LIU K,CHOI T-M,et al. Effects of carbon emission taxes on transportation mode selections and social welfare[J]. IEEE transactions on systems, man, and cybernetics: systems, 2015, 45(11):1413-1423.

[138] WANG Y,XIAO Y,YANG N. Improving reliability of a shared supplier with competition and spillovers[J]. European journal of operational research,2014,236(2):499-510.

[139] WANG Z,HU M. Committed versus contingent pricing under competition[J]. Production and operations management,2014,23(11): 1919-1936.

[140] WANG Z,WANG M,LIU W. To introduce competition or not to introduce competition:an analysis of corporate social responsibility investment collaboration in a two-echelon supply chain[J]. Transportation research part e: logistics and transportation review, 2020,

133,101812.

[141] WU C H, CHEN C-W, HSIEH C-C. Competitive pricing decisions in a two-echelon supply chain with horizontal and vertical competition [J]. International journal of production economics, 2012, 135(1): 265-274.

[142] XIAO T, QI X. Price competition, cost and demand disruptions and coordination of a supply chain with one manufacturer and two competing retailers [J]. Omega, 2008, 36(5): 741-753.

[143] XIAO T, YANG D. Risk sharing and information revelation mechanism of a one-manufacturer and one-retailer supply chain facing an integrated competitor [J]. European journal of operational research, 2009, 196(3): 1076-1085.

[144] XU Y, GURNANI H, DESIRAJU R. Strategic supply chain structure design for a proprietary component manufacturer [J]. Production and operations management, 2010, 19(4): 371-389.

[145] XUE W, DEMIRAG O C, NIU B. Supply chain performance and consumer surplus under alternative structures of channel dominance [J]. European journal of operational research, 2014, 239(1): 130-145.

[146] YALABIK B, FAIRCHILD R J. Customer, regulatory, and competitive pressure as drivers of environmental innovation [J]. International journal of production economics, 2011, 131(2): 519-527.

[147] YANG H, CHEN W. Retailer-driven carbon emission abatement with consumer environmental awareness and carbon tax: revenue-sharing versus cost-sharing [J]. Omega, 2018, 78: 179-191.

[148] YANG H, LUO J, ZHANG Q. Supplier encroachment under nonlinear pricing with imperfect substitutes: bargaining power versus revenue-sharing [J]. European journal of operational research, 2018, 267 (3): 1089-1101.

[149] YAO Y, DONG Y, DRESNER M. Supply chain learning and spillovers in vendor managed inventory [J]. Decision sciences, 2012, 43(6): 979-1001.

[150] ZHANG B, XU L. Multi-item production planning with carbon cap

and trade mechanism[J]. International journal of production economics,2013,144(1):118-127.

[151] ZHANG F,ZHANG R. Trade-in remanufacturing,customer purchasing behavior,and government policy[J]. Manufacturing & service operations management,2018,20(4):601-616.

[152] ZHANG L,WANG J, YOU J. Consumer environmental awareness and channel coordination with two substitutable products[J]. European journal of operational research,2015,241(1):63-73.

[153] ZHAO J,TANG W,WEI J. Pricing decision for substitutable products with retail competition in a fuzzy environment[J]. International journal of production economics,2017,135(1):144-153.

[154] ZHAO X,ATKINS D R. Newsvendors under simultaneous price and inventory competition[J]. Manufacturing & service operations management,2008,10(3):539-546.

[155] ZHENG B,YANG C,YANG J,et al. Dual-channel closed loop supply chains:forward channel competition, power structures and coordination[J]. International journal of production research,2017,55(12):1-18.

[156] ZHOU P,WEN W. Carbon-constrained firm decisions:from business strategies to operations modeling[J]. European journal of operational research,2020,281(1):1-15.

[157] ZHU W,HE Y. Green product design in supply chains under competition[J]. European journal of operational research, 2017, 258(1): 165-180.